经济管理学术文库·金融类

互联网经济下居民消费与金融投资行为研究

The Research of Households' Consumption and Financial Investment Behavior under Internet Economy

向玉冰／著

图书在版编目（CIP）数据

互联网经济下居民消费与金融投资行为研究/向玉冰著.—北京：经济管理出版社，2019.12

ISBN 978-7-5096-6604-3

Ⅰ.①互… Ⅱ.①向… Ⅲ.①网络经济—影响—居民消费—研究—中国 ②网络经济—影响—金融投资—投资行为—研究—中国 Ⅳ.①F126.1 ②F832.48

中国版本图书馆 CIP 数据核字（2019）第 285680 号

组稿编辑：郭丽娟
责任编辑：梁植睿
责任印制：黄章平
责任校对：陈 颖

出版发行：经济管理出版社
　　　　　（北京市海淀区北蜂窝8号中雅大厦A座11层　100038）
网　　址：www.E-mp.com.cn
电　　话：（010）51915602
印　　刷：北京玺诚印务有限公司
经　　销：新华书店
开　　本：720mm×1000mm/16
印　　张：13.25
字　　数：217千字
版　　次：2020年3月第1版　2020年3月第1次印刷
书　　号：ISBN 978-7-5096-6604-3
定　　价：69.00元

·版权所有 翻印必究·

凡购本社图书，如有印装错误，由本社读者服务部负责调换。

联系地址：北京阜外月坛北小街2号
电话：（010）68022974　邮编：100836

序

居民是国民经济的重要参与主体，居民的消费行为直接影响实体经济的总量与结构，其金融投资行为影响宏观金融结构和金融资源配置方式、效率。因此，居民的消费行为与金融投资行为是整个国民经济健康运行的基础保障。目前全球经济处于深度调整期，经济持续低迷，国际贸易摩擦不断；中国长期"粗放型"经济增长积累的矛盾凸显。国内外经济形势使中国当前的经济发展面临巨大压力。

近年来，以电子商务、互联网金融为代表的互联网经济深度渗透到居民经济活动的各个领域。"互联网+"战略计划的推进，加速了互联网经济的发展，使居民消费与金融投资行为发生了巨大的变化。截至2018年12月，中国网民规模达8.29亿人，网络购物用户规模达6.10亿人。中国电子商务市场已跃居全球规模第一。中国互联网金融经历了2013年发展的"井喷期"，步入现在的不断规范化发展阶段，互联网支付、互联网理财、P2P、众筹等多个领域高速发展，互联网金融市场规模已是世界第一。居民消费行为与金融投资行为在互联网经济中发生了巨大的变化。在此背景下对居民消费与金融投资行为进行研究具有重要的理论意义与实践意义。理论意义有以下两点：从居民消费与金融投资行为的角度为经济与金融的运行提供理论依据；使互联网经济下居民消费与金融投资行为理论系统化。实践意义包括以下四点：第一，通过对居民消费与金融投资行为的具体分析，判断宏观经济运行中的问题和特征。第二，为互联网经济下如何进行金融与经济改革提供了重要参考。第三，为互联网经济下政府和中央银行实施宏观调控提供了参考依据。第四，对于提高居民消费水平、优化消费结构与金融资产结构具有重要意义。

现有文献对互联网经济下居民消费与金融投资行为的研究都是碎片化的，缺乏系统化的研究，本书填补了该领域的空白。居民的消费与金融投资行为一方面受到外部经济环境以及自身内部特征的影响，另一方面会反作用于金融市场与宏观经济。因此，本书依据以下思路展开研究：互联网经济对居民消费与金融投资行为的内外部环境的影响—居民消费与金融投资行为的特征、变化、经济效应以及相互作用—政策建议。本书通过八章来展开研究，从内容上可分为以下三个部分：

第一部分包括第一章和第二章，是基础知识部分。第一章是导论，包括研究背景、研究意义、文献综述、主要内容与结构、研究思路与研究方法、创新与不足六节内容。第二章是理论基础，对居民、居民经济行为、居民消费行为、居民金融投资行为等概念进行了界定；梳理了马克思主义以及西方主要经济学派关于居民消费行为与金融投资行为的论述，并总结了互联网经济下居民消费与金融投资行为的相关理论。

第二部分包括第三章到第六章，是本书的核心部分。第三章对互联网经济下居民消费与金融投资行为的内外部环境进行分析。首先描述了互联网经济的发展现状及互联网经济的特征，在此基础上分析了互联网经济对居民消费与金融投资行为的外部环境和内部环境的影响。第四章是互联网经济下的居民消费行为，阐述了居民消费行为的演变进程；归纳总结了互联网经济下的居民消费行为特征；研究了互联网经济下的居民消费总量、居民消费结构变化机制，并进行了相应的实证分析；分析居民消费行为变化的经济效应。第五章是互联网经济下的居民金融投资行为，分别对金融投资行为演变、互联网经济下居民金融投资行为特征、居民金融投资水平变化、居民金融投资结构调整以及产生的经济效应展开研究。第六章研究的是互联网经济下居民消费与金融投资行为的相互作用。首先分析的是消费行为与金融投资行为最基本的替代关系，其次从跨时约束与跨时效用最大化的角度分析了互联网经济下消费行为与金融投资行为的相互影响，最后分析了消费与金融投资行为的相互作用产生的经济效应。

第三部分是第七章与第八章，是总结部分。第七章是政策建议部分，首先指出了互联网经济下居民消费与金融投资行为的优化方向，再基于优化方向提出了完善互联网经济环境、提高居民互联网经济意识与理性金融投资意识、促进居民消费、优化消费结构与金融结构、防控风险的具体政策建议。第八章是结论与展望部分。

　　本书的创新之处主要体现在：第一，深入分析了互联网经济下的居民消费行为与金融投资行为，构建互联网经济下居民消费行为与金融投资行为关系的研究框架。较为系统地从居民收入分配的角度研究互联网经济下居民消费与金融投资行为，并从消费与金融投资行为的关系中探寻增加居民消费的具体路径。第二，对互联网经济下居民消费行为与金融投资行为的新特征进行了全面的总结，并对这些新特征的影响进行了理论分析。第三，对互联网经济下居民消费与金融投资行为的内外部环境进行了详细、系统的分析。第四，对近乎理想的需求系统（AIDS）模型进行拓展，将互联网经济与居民各类消费支出以及各类金融投资支出分别在拓展的 AIDS 模型中进行回归，实证分析了互联网经济对居民消费结构升级、金融投资结构优化的促进作用。

目 录

第一章 导论 ………………………………………………………………… 1
  第一节 研究背景 ……………………………………………………… 1
    一、居民消费与金融投资行为是经济发展的重要基础 ………… 2
    二、中国经济发展面临巨大的压力 ……………………………… 3
    三、互联网环境下居民消费与金融投资行为为经济发展带来
        机遇 ……………………………………………………………… 4
  第二节 研究意义 ……………………………………………………… 5
    一、理论意义 ……………………………………………………… 6
    二、实践意义 ……………………………………………………… 6
  第三节 文献综述 ……………………………………………………… 7
    一、关于居民消费与金融投资行为的研究 ……………………… 7
    二、关于互联网经济下居民消费与金融投资行为的研究 …… 11
    三、文献述评 ……………………………………………………… 13
  第四节 主要内容与结构 …………………………………………… 14
  第五节 研究思路与研究方法 ……………………………………… 16
  第六节 创新与不足 ………………………………………………… 18
    一、创新点 ………………………………………………………… 18
    二、不足之处 ……………………………………………………… 19

第二章 理论基础 ………………………………………………………… 21
  第一节 概念界定 …………………………………………………… 21

一、互联网经济 ·········· 21
二、居民与居民经济行为 ·········· 23
三、居民消费行为 ·········· 24
四、居民金融投资行为与储蓄行为 ·········· 25
五、居民消费行为与金融投资行为的划分 ·········· 26

第二节 居民消费行为与金融投资行为理论 ·········· 28
一、需求层次理论 ·········· 28
二、西方经济学的消费储蓄理论 ·········· 29
三、西方经济学的消费结构理论 ·········· 31
四、西方经济学的金融投资理论 ·········· 32
五、马克思关于消费与投资的论述 ·········· 33
六、行为经济学理论 ·········· 35

第三节 互联网经济下居民消费与金融投资行为的相关理论 ·········· 36
一、长尾理论 ·········· 36
二、信息化理论 ·········· 38
三、需求方规模经济理论 ·········· 39
四、普惠金融理论 ·········· 40

第四节 本书的理论分析框架 ·········· 41

第三章 互联网经济对居民消费与金融投资行为环境的影响 ·········· 43
第一节 互联网经济发展现状及特征 ·········· 43
一、互联网经济发展现状 ·········· 43
二、互联网经济特征 ·········· 50

第二节 居民消费与金融投资行为的外部环境分析 ·········· 52
一、消费与金融投资的选择范围扩大 ·········· 52
二、未来不确定性变化 ·········· 53
三、价格弹性增加 ·········· 54
四、预算约束和流动性约束弱化 ·········· 55
五、存在无风险套利机会 ·········· 57

第三节 居民消费与金融投资行为的内部环境分析 ·········· 59

一、消费与投资意识增强 59
　　二、理性化程度变化 60
　　三、流动性偏好弱化 61
　　四、追求跨时效用最大化 62

第四章　互联网经济下的居民消费行为 65
第一节　居民消费行为概况 65
　　一、居民消费行为演变的逻辑 65
　　二、居民消费总量概况 67
　　三、居民消费结构概况 70
第二节　互联网经济下居民消费行为的特征 72
　　一、消费需求实现的便捷性、即时性 72
　　二、消费行为的从众性、群聚性 73
　　三、消费支付方式的虚拟化 74
　　四、消费选择的多样化、个性化 77
第三节　互联网经济下居民消费总量的变化 78
　　一、消费便捷性和从众性增加居民消费总量 78
　　二、支付方式虚拟化增加居民消费总量 80
　　三、互联网经济下消费总量增加的实证分析 81
第四节　互联网经济下居民消费结构的调整 92
　　一、预算约束弱化与消费选择多样化促进居民消费结构升级 93
　　二、互联网经济下居民消费结构升级的实证分析 95
第五节　居民消费行为变化的经济效应 103
　　一、正效应：推动经济增长、促进经济结构升级 103
　　二、负效应：消费行为变化的通货膨胀效应 106

第五章　互联网经济下的居民金融投资行为 109
第一节　居民金融投资行为概况 109
　　一、居民金融投资行为演变的逻辑 109
　　二、居民金融投资总量概况 113

三、居民金融投资结构概况…………………………………… 114
第二节 互联网经济下居民金融投资行为的特征……………………… 117
　一、金融投资需求实现的便捷化、普及化…………………… 118
　二、理财性行为增加…………………………………………… 119
　三、金融投资行为的直接性…………………………………… 122
　四、金融投资多元化…………………………………………… 124
　五、金融投资收益市场化……………………………………… 126
第三节 互联网经济下居民金融投资水平的变化……………………… 127
　一、金融投资总量增加，但占可支配收入比重缩减………… 127
　二、便捷化、普及化提高居民金融投资的跨区域水平……… 128
　三、理财性、直接性提升居民金融投资的活力……………… 129
第四节 互联网经济下居民金融投资结构的调整……………………… 130
　一、选择多元化促进居民金融投资结构调整………………… 130
　二、金融投资收益市场化对居民金融投资结构调整的影响… 132
　三、互联网经济下居民金融投资结构调整的实证分析……… 132
第五节 居民金融投资行为变化的经济效应…………………………… 140
　一、正效应：提高金融活力、优化金融结构………………… 140
　二、负效应：加剧资产价格泡沫膨胀和破灭、增加金融波动
　　　幅度…………………………………………………………… 142

第六章 互联网经济下居民消费与金融投资行为的相互作用………… 145
　第一节 居民消费与金融投资行为的基本替代关系………………… 146
　　一、居民消费与金融投资行为替代关系的逻辑……………… 146
　　二、消费行为与金融投资行为的替代概况…………………… 151
　　三、互联网经济下消费与金融投资行为替代的特征………… 153
　第二节 互联网经济下居民消费行为对金融投资行为的影响……… 155
　　一、消费增加下的金融投资高要求…………………………… 155
　　二、预期消费增加下的金融投资增长………………………… 157
　第三节 互联网经济下居民金融投资行为对消费行为的影响……… 158
　　一、平滑机制…………………………………………………… 158

二、保障机制 ………………………………………………… 159
　　三、财富效应传导机制 ……………………………………… 159
第四节　居民消费与金融投资行为相互作用中的经济效应 …… 161
　　一、正效应：有助于经济增长方式转变 …………………… 161
　　二、负效应：消费与金融投资行为转换的灵活性增加经济风险 … 164

第七章　优化居民消费与金融投资行为的政策建议 ……………… 167
　第一节　互联网经济下居民消费与金融投资行为的优化方向 … 167
　　一、充分利用互联网经济发展提供的有利条件 …………… 167
　　二、增加消费总量、升级消费结构与金融投资结构 ……… 168
　　三、防范居民消费与金融投资行为带来的风险 …………… 168
　第二节　完善互联网经济环境 ………………………………… 169
　　一、加强互联网基础设施全面建设 ………………………… 169
　　二、规范互联网经济活动的环境 …………………………… 170
　　三、建立大数据征信与信用评估体系 ……………………… 171
　第三节　提高居民互联网经济意识与理性金融投资意识 …… 173
　　一、增强互联网经济意识 …………………………………… 173
　　二、普及金融知识教育 ……………………………………… 174
　第四节　促进居民消费、优化消费结构与金融投资结构的具体路径 … 175
　　一、完善社会保障体系、提高居民可支配收入 …………… 175
　　二、持续改善居民消费调整中的金融服务 ………………… 176
　　三、推动资本市场多元化及金融资产价格市场化 ………… 176
　　四、金融调控政策工具转向公开市场操作 ………………… 177
　第五节　宏微观审慎监管相结合、防控居民风险 …………… 178

第八章　结论与展望 ………………………………………………… 181
　第一节　结论 …………………………………………………… 181
　　一、互联网经济有利于居民消费总量增加 ………………… 181
　　二、互联网经济促进居民消费结构升级 …………………… 181
　　三、互联网经济推进居民金融投资结构调整 ……………… 182

四、居民消费与金融投资行为之间的相互作用更加明显……………182
五、居民消费与金融投资行为的变化具有正负两种经济效应……183
第二节　展望…………………………………………………………183
一、利用家庭微观数据来分析互联网经济下的居民消费与金融
投资行为……………………………………………………183
二、对互联网经济下消费与金融投资行为的快速动态融合进行
持续关注……………………………………………………184

参考文献………………………………………………………………185

后　　记………………………………………………………………197

第一章 导论

第一节 研究背景

互联网经济是基于互联网所产生的经济活动的总和,主要包括电子商务和互联网金融、搜索引擎、即时通信和网络娱乐。中国的电子商务和相应发展战略研究起步于20世纪末,1999年易趣网、当当网和阿里巴巴成立,并在近年来得到了快速发展,第43次《中国互联网络发展状况统计报告》显示,截至2018年12月,中国网民规模达8.29亿,网络购物用户规模达6.10亿。中国电子商务市场已跃居全球规模第一。2013年中国互联网金融模式进入发展的"井喷期",互联网支付、互联网理财、P2P、众筹等多个领域高速发展,中国的互联网金融市场规模已是世界第一。居民消费行为与金融投资行为在互联网经济中发生了巨大的变化。

互联网经济中,居民能够便捷地将收入中的消费剩余部分多元化地进行金融投资,并将金融投资及其收益转化为消费。所以,在互联网经济下,居民在对消费后的剩余进行配置时呈现出显著的投资特征,传统的居民消费与储蓄行为可以更贴切地表述为居民消费与金融投资行为。居民通过消费行为与金融投资行为配置有限的收入以实现效用最大化目标,并影响储蓄转化为生产投资的方式和效率,维持社会扩大再生产的进行。

一、居民消费与金融投资行为是经济发展的重要基础

居民消费与金融投资行为的内容包括可支配收入在消费与储蓄中的分配、消费结构选择以及金融投资结构选择。居民的消费与金融投资行为与宏观经济息息相关,是经济发展的重要基础,具体表现在:居民在消费与储蓄中的收入分配影响经济均衡并决定经济增长的力度和潜力,居民消费结构对经济结构升级具有重要作用,金融投资结构对金融市场结构优化和金融活力的提升具有重大影响。

在中国经济快速增长期间,与政府投资、企业投资、外贸出口相比,居民的消费与金融投资行为并没有受到足够的重视。2008年爆发的国际金融危机将中国内需不足、储蓄量过大、金融投资结构不合理等问题凸显出来,由此,居民的消费与金融投资行为得到了广泛关注。居民消费是经济发展的根本动力,居民金融投资是经济发展的主要资金来源。居民消费不足、金融投资结构单一的现状是中国经济发展的主要制约因素。

党的十八大报告指出"要着力扩大国内需求",近几年的政府工作报告对扩大内需战略均有强调。扩大内需的关键在于扩大消费,因此,居民消费与金融投资行为在扩大内需战略实施中的重要性不言而喻。投资拉动、出口驱动型经济难以为继,中国经济增长方式需要向消费拉动型转变,而消费拉动型经济增长模式的着力点正是居民消费。同时,产业结构的优化升级是现阶段经济发展的关键,而产业结构的优化升级需要先进行消费结构的升级,这就进一步强调了居民消费行为的地位。从社会再生产来看,马克思提出了包括生产、分配、交换以及消费四个环节的再生产理论。在这四个环节当中,生产是经济循环的起点,分配与交换的最终目的都是满足消费,消费是经济循环的终点。因而只有消费带动的投资和经济增长才是可持续的。消费能够引导企业的生产投资,从而配置市场资源。消费是生产的目的,是经济增长的动力来源,居民的消费总量和消费结构影响着经济总量增长与经济结构的变化,成为经济发展的约束条件。

在居民金融投资方面,居民金融投资转化为企业生产资金,金融投资结构的优化可促进金融结构的调整,提高金融配置效率;而居民的非理性金融投资

行为则会引起资产泡沫的膨胀以及金融脱离实体经济。如图1-1所示，在一定的预算约束下，居民总收入可划分为消费和储蓄（金融投资）两个部分，消费部分用以购买生活资料，满足日常生活需求；消费的增加能够刺激实体经济的生产和投资。金融投资行为为居民的未来支出提供保障，影响宏观金融市场结构和金融资源配置方式、效率，金融投资转化为实体经济中的投资，用以购买生产资料，满足企业进行再生产活动。所以，居民在消费、金融投资之间的分配与转化能深刻地影响着经济的波动与增长。

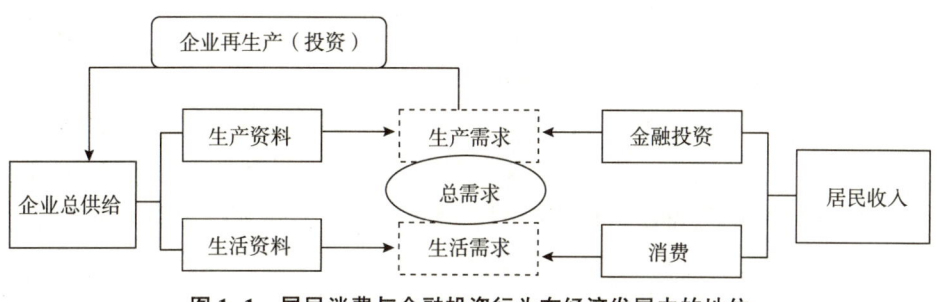

图1-1 居民消费与金融投资行为在经济发展中的地位

二、中国经济发展面临巨大的压力

经过多年的高速增长，中国经济总量已居全球第二，但长期"粗放型"经济增长积累了太多矛盾，在金融危机的冲击下，各种问题不断凸显出来，例如传统产业的大型国有企业产能过剩，而新型产业与小微企业融资困难、发展滞后、国际竞争力低下。由于经济转型压力巨大，调整经济结构、扩大内需也就成为现阶段的主要任务。扩大内需、促进经济结构调整的基础和前提是对居民消费与金融投资的总量、结构以及风险问题进行深入分析，并有针对性地制定和实施相应的政策。

2008年爆发的国际金融危机使经济遭受重创，直至今日，全球经济仍然处于缓慢复苏阶段，经济持续低迷，贸易保护主义悄然兴起。为刺激经济增长，以美国为代表的经济体不断出台量化宽松货币政策，但对实体经济的作用有限，反而加重了金融的自我循环，出现短期股市泡沫以及过剩的流动性。

2015年国际金融市场出现了巨幅波动,道琼斯指数在短时间内从18000点跌至15300点,中国A股市场在6月至8月短短两个月的时间跌幅超过50%。在全球经济格局的持续调整中,美国开启了再工业化、工业互联网革命和能源革命,旨在实现生产与消费的一体化循环发展模式;美国贸易保护主义抬头,引发了中美贸易战。作为中国最大的出口对象国,美国进口的收缩使中国出口导向型经济增长方式面临着挑战。为更好地应对危机后的全球经济格局调整以及中国的经济转型压力,扩大内需在经济发展中的作用显得更加重要。

三、互联网环境下居民消费与金融投资行为为经济发展带来机遇

作为人类在20世纪的伟大发明,互联网以其高度的渗透性和综合性带动整个经济和社会的变革,并引发互联网革命。互联网对信息的产生、传输、储存,以及对人类的行为方式产生了深刻的影响,且影响范围与影响深度不亚于前三次工业革命。

在经济增速换挡、经济结构调整和动力机制转换的新常态中,中国互联网经济步入了快速发展阶段。由中国互联网络信息中心发布的第43次《中国互联网络发展状况统计报告》可知,截至2018年底,中国的网民数量达到8.29亿,互联网普及率已经达到59.6%,互联网普及率迅速增长。互联网的普及带动了电子商务与互联网金融的发展,引导了中国居民消费与金融投资行为的变革。中国电子商务市场以1999年阿里巴巴的成立为标志,经过短短近20年的发展,目前已跃居全球规模第一。即使在全球经济受金融危机重创期间,中国的网络零售交易规模依然保持着50%以上的增长率,并在近年来进入"爆炸式"增长阶段。2013年被称为中国互联网金融元年,互联网理财、P2P等互联网金融模式快速进入普通居民的视野。2015年3月,中国政府工作报告首次提出了"互联网+"战略。"互联网+"战略计划的推进,加速了互联网向经济、社会等相关领域的渗透,激活了市场活力,并对居民、企业等经济主体的行为产生了广泛而深刻的影响。

在经济新常态以及互联网快速融入经济的双重背景下,挑战与机遇共存。互联网的广泛应用使生产、交换、流通、分配、消费等活动都高度依赖于互联网,包括从互联网中获取信息、实现经济活动、运用互联网进行决策和预测。

互联网的发展与居民的生活、学习、工作息息相关，居民理财、出行、社交、娱乐、医疗活动以及就业方式等都在发生巨大的变化：居民的出行更加便利，看病、挂号过程更为简化，消费与金融投资更加便捷。以互联网金融和电子商务为代表的互联网经济重构了现有的经济环境，网购逐渐成为居民消费的重要方式，互联网金融活动越来越普及，居民消费与金融投资行为也相应地发生了变化。

综上所述，在互联网经济下研究居民消费行为与金融投资行为非常有必要。居民消费不足、储蓄高企、金融投资结构单一是中国经济发展中的主要问题，居民消费水平、消费结构与金融投资结构都还有待提升。当前，中国面临着经济增速放缓的压力，国际投资以及出口环境也在金融危机的冲击以及中美贸易战中面临着严峻的局面。在互联网时代，生活方式和经济运行方式都发生了巨大的变化，居民消费行为与金融投资行为也随之发生了显著变化，行为组合的调整更加便捷。研究互联网经济下居民消费与金融投资行为的主要目的是：在互联网与经济快速融合而经济发展急需转型的背景下，寻求提高居民消费水平、提升消费结构、优化金融投资结构的可行性以及现实路径，为经济增长和经济转型提供支撑。

第二节　研究意义

各种资源在消费以及投资中的分配是决定经济增长和整个社会现期生活水平的关键。资源在消费与投资之间的分配首先取决于居民收入在消费与储蓄（金融投资）之间的分配。探究居民的消费与金融投资行为是理解经济增长、经济波动、金融市场发展的基础。中国正处于互联网与经济快速渗透融合的时代，居民消费行为与金融投资行为的各种影响因素也在变化，因此，有必要对这些影响因素以及居民消费与金融投资行为的变化进行分析。

在互联网经济下居民消费行为与金融投资行为具有一般性，同时也具有特殊性，需要在传统理论的基础上对居民消费与金融投资行为的分析进行改进。在互联网发展的背景下探寻居民消费与金融投资行为的规律，挖掘扩大居民消费、提升居民消费结构、优化居民金融投资结构的潜在路径，在此基础上提出相应的政策建议，对促进中国经济健康协调发展、推动经济转型具有非常重要的意义。

一、理论意义

第一，从居民消费与金融投资行为的角度为经济与金融的运行提供理论依据。从居民最优化其消费、金融投资行为的角度丰富中国现有的资源配置理论体系。国外有大量对居民消费—储蓄行为的研究，但由于中国特殊的经济发展历史，居民作为市场主体自主参与经济活动的时间还不长，因而对宏观经济运行的居民消费储蓄（金融投资）行为基础的研究还不够全面和详细。随着中国实体经济和金融的快速发展，居民所面临的宏观环境改变也对现有的理论提出了挑战。对追逐于高收益和努力最大化自身效用的居民消费与金融投资行为的研究有助于理解整个宏观经济的运行状况、揭示金融与实体经济的关系，并可在此基础上通过引导居民消费与金融投资行为来推动经济的发展。

第二，在现阶段互联网经济下碎片化的居民消费行为与金融投资行为理论基础上，使互联网经济下居民消费与金融投资行为理论系统化。互联网经济飞速发展背景下，互联网经济的运行方式深入地影响了居民的消费与金融投资行为，使居民消费、金融投资等行为发生了巨大变化，传统理论也面临着前所未有的挑战。虽然不断有对互联网经济下居民消费与金融投资行为进行描述和统计的文献，但现有理论都是碎片化的，理论方面的研究远远落后于实践的发展，尚未形成一个系统的理论体系。本书通过分析互联网经济对居民经济行为内外部环境变化的影响以及对消费行为、金融投资行为变化的逻辑进行梳理，丰富居民消费与金融投资行为理论，对于进一步发展具有中国特色的互联网经济理论、互联网经济下居民消费与金融投资理论具有重要意义。

二、实践意义

第一，通过对居民消费与金融投资行为的具体分析来判断宏观经济运行中的问题和特征。微观个体行为的积累会形成宏观经济效应，居民消费与金融投资行为的变化影响着宏观经济，因此，可以根据居民消费与金融投资行为的变化来分析宏观经济运行中的动态特征和出现的问题。

第二,为互联网经济下如何进行金融与经济改革提供重要参考。中国正处于"结构调整的转型期、体制改革的阵痛期以及刺激政策的消化期",居民的消费与金融投资在推动经济结构转型中负有重大的使命。居民金融投资对应着一定的实体经济融资,居民消费直接对应着实体经济的生产。在互联网经济下居民的金融投资行为发生了巨大的变化,意味着实体经济的融资选择也会相应地进行调节;居民消费行为的变化则意味着企业的生产规模、生产总量与生产方式发生变化。随着互联网经济在各个领域渗透的广度与深度持续增加,可能引起金融与经济的波动。因而对互联网经济下居民消费与金融投资行为的研究可为各项改革措施的实施提供依据。

第三,为互联网经济下政府和中央银行基于居民经济行为机理实施宏观调控提供参考。货币政策和财政政策的传导需要微观基础,居民会对政策冲击做出反应,并通过消费、金融投资行为的改变产生宏观效应。互联网经济下居民消费与金融投资行为面临的环境发生了变化,消费与金融投资行为也处于变化中,居民消费与金融投资行为产生的风险具有放大和加速传播的效果,对互联网经济下居民消费行为与金融投资行为的研究可为宏观调控部门更好地进行调控提供参考。

第四,对于提高居民消费水平、提升消费结构、优化金融投资结构具有重要意义。居民消费与金融投资行为的优化是中国经济发展的坚实基础。内需不足、消费结构层次较低、金融投资结构单一是现阶段制约中国经济发展的关键因素。在互联网经济提供的机遇下,研究居民消费与金融投资行为的变化,有利于促进居民增加消费总量、优化消费结构和金融投资结构。

第三节 文献综述

一、关于居民消费与金融投资行为的研究

居民进行收入分配时,首先是在消费与储蓄之间分配,其次是具体的消费

选择和储蓄选择，储蓄在各种资产中的分配即金融投资行为。现有文献关于消费行为、储蓄行为的研究基本上都是从总量和结构两个方面进行的。

（一）居民消费行为

国内对居民消费行为的研究集中在消费总量、消费结构以及消费支出的影响因素上。臧旭恒教授在对中国居民消费行为的研究上具有建树。臧旭恒（1992）在《中国消费函数分析》一书中系统地建立了中国消费者行为的分析框架，对居民消费行为的研究主要包括对消费支出影响因素的分析、消费结构的升级以及消费总量变化的研究。臧旭恒、裴春霞（2007）采用各省的板块统计数据，建立了ECM消费模型对城乡居民消费的预防性储蓄和流动性约束假说进行验证。余永定、李军（2000）的研究发现，中国居民消费的效用最大化存在短视与阶段化特征，既不遵循凯恩斯的即期理论，也不适用莫迪利安尼的生命周期理论。汪浩瀚（2006）对西方经济学中的消费理论进行了对比分析，指出20世纪80年代中期后的预防性储蓄假说和流动性约束假说是现在研究的主线，其核心是不确定性。王小华、温涛（2015）采用非线性最小二乘法对中国城乡居民的消费行为和消费结构演变进行了研究，分析表明收入差距、工资性收入差距、社会福利差距、家庭财产差距以及生活水平差距都是城乡消费与消费结构差距的原因。庞楷（2010）将居民消费行为的一般规律总结为追求效用最大化、习惯性原则、不可逆性、示范性以及动态发展性。

对于影响消费行为的因素研究，侯石安、赵和楠（2012）研究了城乡居民收入来源构成对消费行为的影响，并得出工薪收入对城市居民消费效应最大、工资收入对农村居民消费效应最大的结论。喻胜华（2012）实证分析了收入、利率、消费价格指数和未来消费的不确定性等因素对城乡居民消费行为的影响，结果显示这些因素对城乡居民消费行为的影响具有差异。

对于消费结构的研究主要基于两大模型：Stone（1954）的线性支出系统模型（Linear Expenditure System，LES），Angus Deaton 和 John Muellbauer（1980）提出的几乎理想需求系统模型（Almost Ideal Demand System，AIDS）。Luch（1975）的扩展线性支出系统模型（Extend Linear Expenditure System，ELES），是在LES模型基础上发展而来的。国内学者广泛应用ELES和AIDS模型研究消费结构。臧旭恒、孙文祥（2003）对ELES模型和AIDS模型进行了对比，并应用这两个模型对中国居民消费的城乡差异进行分析，发现两个模型得出的结果几乎相同。

(二) 居民金融投资行为

国内外对居民金融投资行为或金融资产配置行为的研究可分为微观、宏观两大类。国外从微观角度进行研究的居多;国内早期研究集中于宏观数据的分析,近年来随着微观调查的发展,在微观方面的研究也逐渐增多。很多学者将消费金融与居民的金融资产选择行为结合分析,认为居民作为消费者的资产选择行为是消费金融的研究核心(Campbell,2006;肖忠意,2015)。Bashar Al-Zu'bi 和 Victor Murinde (2011) 基于中东国家的资金流量数据实证分析居民家庭的金融配置行为,揭示出不同的宏观环境和制度下居民金融配置行为对金融资产收益的反应不尽相同。Moore 等(2005)以印度居民为研究对象,研究现金与其他金融资产的替代效应,发现安全性资产与股票具有较强的替代性,且金融改革对居民资产选择具有显著影响。Amick 和 McGibany (2011) 对居民金融资产与宏观利率之间的关系进行研究,发现为满足交易需求而持有的金融资产对利率变化不敏感,为满足投机性需求持有的金融资产对利率变化的敏感性很强。

袁志刚、冯俊(2005)认为,中国居民出现强制性储蓄的原因是市场上提供的无风险金融产品不足以及有风险金融产品的风险与收益之间的不匹配,金融资产的广度与深度都不足。袁志刚(2011)将居民金融资产投资的特征总结为:金融资产总量增加、金融资产结构多元化但层次降低,并认为存款居高不下是因为不断提高的居民收入、不完善的保障体系、勤俭节约的文化传统以及其他投资途径不成熟。李建军、田光宁(2001)的研究发现,当收入增长较快时,居民更愿意选择持有非现金类储蓄性金融资产;而当收入增长较慢甚至下降时,更愿意持有收益性高且流动性强的证券类金融资产以及能够为未来带来一定保障的保险资产。方建武、李忠民(2006)认为,个人进行金融投资是为了提供生存保障以及提高社会地位。发达国家的居民资产选择行为具有金融化、风险化以及资产持有中介化的特征,而中国居民的金融资产选择行为呈现出多元化、现金持有量减少的特征,但资产的风险和程度仍然较低(张海云,2010)。

在微观方面的研究更容易从微观主体的特性(如年龄、性别、受教育程度、家庭负担人口等方面)来分析其资产配置行为。代表性的有 John Ameriks

等（2004）分析了居民年龄与资产配置行为的关系，发现两者没有明显的负向关系。Annette Vissing-Jorgensen（2002）利用微观数据探讨居民不参与股票市场以及资产配置异质性的原因。史代敏、宋艳（2006）建立居民家庭金融资产选择的 TOBIT 模型，并运用微观数据实证分析了年龄、收入、财富、受教育程度以及住房因素对家庭金融资产投资的影响。基于微观数据的分析一般都受调查期限和数据可得性限制，绝大多数都是截面数据，样本缺乏连续性和实效性。

（三）关于居民消费与金融投资行为关系的研究

对居民消费与金融资产投资行为的研究多是基于跨期理论，研究居民通过分配每期的消费与金融投资来实现一生效用的最大化。Carroll（1998）研究了美国居民的消费与储蓄行为，发现富人比穷人的储蓄更高，原因在于富人与穷人具有不同的偏好、不确定性以及最低消费等。黄家骅（1997）是国内较早对居民消费行为、投资行为的约束条件和影响进行系统化分析的学者。贺菊煌（2000）研究了城乡居民消费与资产的关系，发现城镇居民的资产对消费具有正向促进作用，而农村居民的消费与资产存在负相关关系。陈学彬、章研（2007）研究了医疗保障制度对家庭消费—投资行为的影响。丁传明、邹捷中（2004）考察了在通货膨胀或通货紧缩下，居民家庭的消费—投资决策。申树斌等（2002）建立了一个考虑最优消费的风险投资组合模型，并求出了居民家庭在消费和投资的最佳比率解。赵晓英、曾令华（2007）基于动态模型研究了不确定性等因素对城镇居民消费投资组合行为的影响。

王弟海、龚六堂（2007）基于微观经济学，从消费者优化模型中推导出增长经济中储蓄率决定的一般公式，并通过数值模拟来分析中国高储蓄率的可能原因，认为中国过高的资本产出弹性和人们对未来收入的短时性预期是两个可能导致中国高储蓄率的原因。陈学彬等（2005）对影响中国居民消费储蓄的主要因素进行实证分析，发现居民收入是影响居民消费储蓄最主要的因素；习惯生活水平对居民消费行为有重要影响。臧旭恒（1995）认为，改革开放以来中国居民金融资产数量的增加成为消费预算约束从现期到跨期、消费者效用从现期效用最大化到跨期效用最大的基本前提。臧旭恒等（2001）在分析居民消费与储蓄之间的替代行为时认为在 2000 年之前中国居民的消费储蓄替代行为之间是异常的，异常的主要表现是储蓄倾向过高，而预防性储蓄动机是造成这种替代异常的主要原因。

(四) 关于居民消费与金融投资行为的影响研究

由于居民消费与金融投资行为在经济发展中占据重要地位，国内外多位学者研究了居民消费与金融投资行为对经济增长、金融市场发展以及货币政策效应的影响。斯特兰奇（1986）认为，投资者具有非理性与投机性，在投资收益的诱惑以及市场信用扩张等因素的影响下，投资者大量的金融投资使金融市场资产总值不断增加，同时也加剧了市场的不稳定性。

肖争艳、陈彦斌（2006）认为，消费者自身的基于效用最大化的最优决策行为决定了商品市场的均衡，消费者行为的变动牵引着宏观经济的变动。陈学彬等（2005）研究了居民的消费储蓄行为对货币政策效应的影响。居民的信用消费与金融投资行为具有显著的实体经济效应（袁增霆，2004）。袁志刚和冯俊（2005）分析居民金融资产投资行为与宏观金融市场之间的关系认为，金融市场的不断完善以及金融产品的持续丰富会使居民调整金融资产投资行为，居民金融资产投资行为的变化也会对金融市场的调整与完善产生影响。仲伟周等（2009）认为，居民行为与最终经济变量之间具有紧密的联系，并从前景理论的视角研究了货币政策传导中的居民消费和投资行为。张红伟（2001）认为，居民金融资产结构变动的效应包括：促进了储蓄向投资的转化、有利于商业银行调整其负债结构、支持了扩张的财政政策、增强了货币的流动性，但储蓄存款分流使扩张性货币政策难以达到预期效果；降低整个经济体系的金融效率；导致越来越多的资金游离于实体经济之外以及商业银行信贷规模不断萎缩。

二、关于互联网经济下居民消费与金融投资行为的研究

在互联网经济中，微观经济主体的生产、交换、流通、分配、消费等活动都依赖于互联网，包括从互联网中获取信息、在互联网中实现经济活动、运用互联网进行决策和预测。

（一）互联网经济下居民消费行为的研究

国外对于互联网经济下消费行为的研究多是集中在电子商务的扩散、应用方面，以及对居民出行购物的影响（Cao，2012），或是消费者采用网络消费模

式的影响因素（Ren and Kwan, 2009；Mokhtarian, 2004）。Soh 等（2006）将网络交易的特点总结为能够使商品或服务价格更透明化、增强供需双方匹配度并反映市场信息。Mokhtarian（2004）指出，网络购物对消费的影响有替代、促进以及调整三大作用。国内多是从互联网经济下居民消费行为特点以及对经济增长的影响进行的。郑英隆（2012）认为，电子商务中消费者行为的变化主要体现在信息搜索方式、商品选择方式以及购买行为的变化，其中，购买行为的变化包括了网上购买行为增加、网上购买的商品品种多样化以及团购模式的普及。廖卫红（2013）认为，传统互联网环境下的消费者行为特征包括了呈现张扬个性、享受购物过程以及不理性；移动互联网环境下的消费者行为特点表现为更具个性化、更具诚信、更显互动性、碎片化、随时随地以及对价格更敏感。文晓庆（2009）认为，价格便宜以及购买方便快捷是网络购物的两大动机，从需求诱发、商品浏览和选择、支付以及购后评价四个方面来分析网络购物过程。刘湖、张家平（2016）从生存型、享受型以及发展型三个方面来衡量消费结构，研究了互联网对居民消费结构的影响。

在网络消费对总消费影响的研究方面，方福前、邢炜（2015）从构建一般均衡模型、实证分析以及微观基础三个方面研究了各省电子商务规模与居民消费的关系，发现两者之间存在"U"形关系。麦肯锡的报告（2013）基于多个城市的调查数据利用增量消费分析方法发现，网络消费虽然对线下消费产生替代作用，但仍然能够提升整体消费，且在欠发达地区（中小城市）尤为明显。

（二）互联网经济下居民金融投资行为的研究

互联网在经济金融活动中的普及能够降低股票市场的摩擦、提高可及性（Bogan, 2008）。周广肃、梁琪（2018）认为，互联网通过降低交易成本、增加金融可得性以及信息传递机制减缓市场摩擦，从而影响居民家庭参与金融市场情况。崔海燕（2016）将互联网金融对消费的影响总结为收入效应、转换效应以及刺激居民消费欲望，并实证分析了互联网金融中的第三方支付对中国居民消费的影响，发现该影响是显著的。王崇志（2013）认为，支付宝客户将资金从活期存款移向余额宝是"完全理性人"行为，是为了获取高收益。孙从海、李慧（2014）认为，中国居民家庭出于对金融资产收益最大化的追求会在互联网金融快速发展的背景下调整金融资产结构。慕丽杰（2016）认为，互联网金融对投资者的多元化偏好、时间偏好、风险偏好、投资者意识都具有影响。华民（2014）认为，由电商支付系统产生理财产品会提高全社会的融资成本，导致该现象产生的机理是居民将银行存款移至电商支付系统，银行资金面临短缺，银行之间进行同业拆借融资的成本随之增加，增加的成本将传递至实体企业。

微观上，对互联网金融投资行为的研究主要包括了应用计划行为理论（Theory of Planned Behavior，TPB）、技术接受模型（Teohnology Acceptance Model，TAM）以及微观调查数据进行分析（陈继勇等，2016）。魏昭、宋全云（2016）应用微观数据的研究显示受教育水平高以及金融素养好的居民家庭在进行互联金融投资时能够更好地管理风险、获取较高的收益；受教育水平较低以及金融素养较差的居民家庭在参与互联网金融投资时面临的风险较大、获取的收益较低。刘宏、马文瀚（2017）的研究显示互联网时代的线上互动会促进居民家庭的证券投资参与度，互动主要通过信息获取以及学习机制来促进居民家庭对证券投资的参与。

虽然关于互联网经济下居民金融投资行为的研究不是很多，但有大量关于具体互联网金融投资行为——P2P借贷行为的研究。大多数的研究都集中分析借贷成功的影响因素。例如Herzenstein和Andrews（2008）认为，网上的P2P借贷使个人能够直接地向他人借款或者贷款，对于在P2P模式上借贷成功的决定因素，他们的研究结果显示尽管诸如种族和性别等人口统计学性质影响贷款成功的可能性，但他们与借款人的经济实力和宣传贷款的努力程度的影响相比是甚微的。

三、文献述评

居民是市场经济中的重要主体，虽然国内外在宏观和微观方面对居民的消费与金融投资行为进行了大量的研究，但研究主要集中在居民消费行为或居民金融投资行为的某一方面，且多集中在居民的消费行为方面，关于居民消费与金融投资行为相互影响的研究还比较缺乏，较少地把居民作为一个重要的经济主体完整地、系统地分析其消费与金融投资行为。中国的经济发展具有特殊性，且正经历着经济新常态以及互联网快速融入经济的阶段。随着互联网经济的发展，居民的消费行为、金融投资行为及行为环境都发生了巨大的改变，居民消费与金融投资的选择更为自由，行为效应更加突出，居民的消费与金融投资行为对中国经济增长、金融效率优化的作用越来越大。

现有文献对互联网经济下居民消费与金融投资行为的研究都是碎片化的，缺乏系统化的研究，不足主要表现在：首先，大多数文献都是基于之前的经济阶段进行分析，对现在互联网时代的适用性不强；其次，在互联网快速发展的这几年内有关于网络消费行为以及互联网金融投资行为的研究，但很少有人系统地将居民消费行为、金融投资行为结合在一起进行研究，在这一领域还存在着相当大的空白。鉴于中国经济环境的新特征以及居民消费与金融投资行为对经济发展的重要性，有必要在互联网经济下研究居民的消费与金融投资行为。

第四节 主要内容与结构

互联网经济的发展使居民消费与金融投资行为的改变十分明显，且居民金融投资与消费具有相互作用。居民消费与金融投资行为的改变又会对宏观经济产生效应。本书通过八章来对此问题进行分析，具体结构如图1-2所示。

第一章是导论部分。包括本书的研究背景、研究意义、文献综述、主要内容与结构、研究思路与研究方法、创新与不足六节内容。

第二章是理论基础部分。在这一部分对互联网经济、居民、居民消费行为、居民金融投资行为等概念进行界定，梳理了马克思主义以及西方主要经济学派关于居民消费行为与金融投资行为的论述，并总结了互联经济下居民消费与金融投资行为的相关理论。

第三章是互联网经济下居民消费与金融投资行为的内外部环境分析。首先描述互联网经济的发展现状及互联网经济特征。在此基础上分析互联网经济下居民消费与金融投资行为的外部环境和内部环境。在这一部分回答"为什么互联网经济影响居民消费与金融投资行为"的问题。在第四、五、六章中回答"互联网经济是怎么影响居民消费与金融投资行为"的问题。

第四章是互联网经济下的居民消费行为。本章首先描述居民消费行为的演

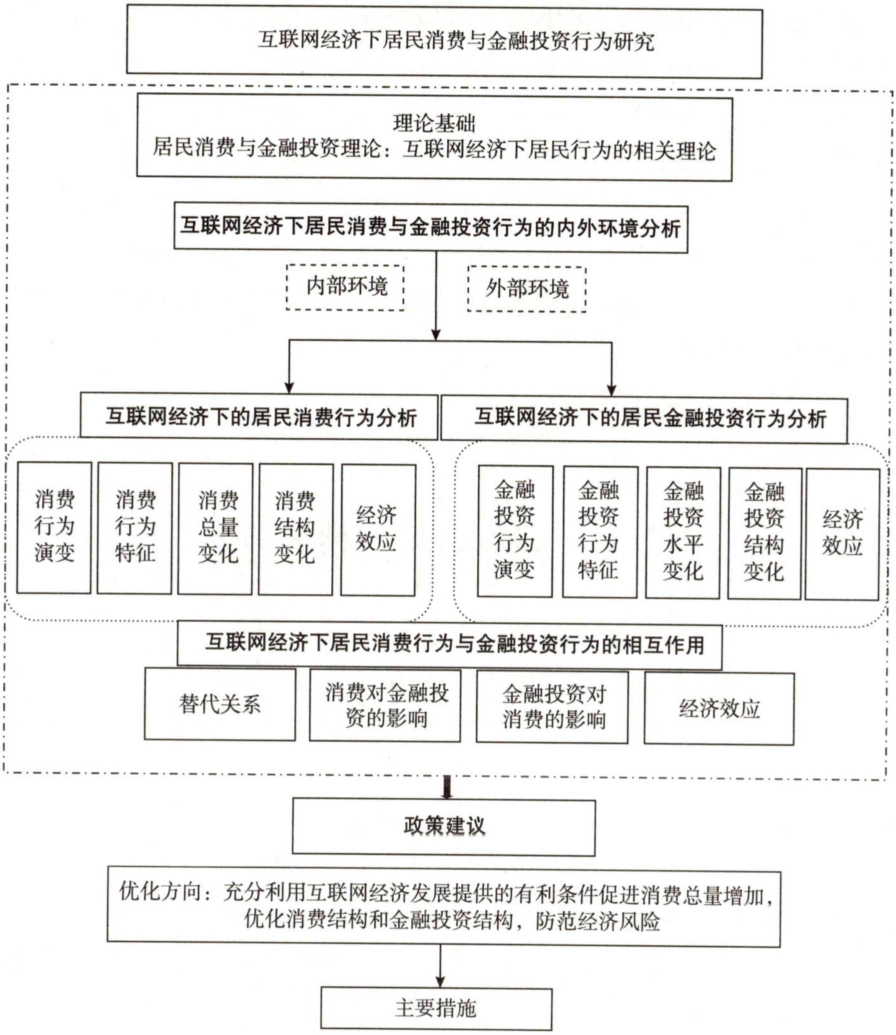

第一章 导论

```
         互联网经济下居民消费与金融投资行为研究
                          │
    ┌─────────────────────┴─────────────────────┐
    │              理论基础                      │
    │ 居民消费与金融投资理论：互联网经济下居民行为的相关理论 │
    └─────────────────────┬─────────────────────┘
                          │
        互联网经济下居民消费与金融投资行为的内外环境分析
                   ┌──────┴──────┐
                内部环境      外部环境
```

图 1-2　本书具体结构

变，再归纳总结互联网经济下的居民消费行为特征，在此基础上研究互联网经济下居民消费总量、居民消费结构变化的机制，并进行相应的实证分析。最后，分析居民消费行为变化的经济效应。

第五章是互联网经济下的居民金融投资行为，包括五节内容，按照金融投资行为演变、互联网经济下居民金融投资行为特征、居民金融投资水平变化、居民金融投资结构调整以及经济效应的思路展开研究。

第六章是居民消费与金融投资行为的相互作用。首先分析的是消费行为与金融投资行为最基本的替代关系；其次从跨时约束与跨时效用最大化的角度分析消费行为对金融投资行为的影响，以及金融投资行为对消费行为的影响；最后分析消费与金融投资行为的相互作用对经济的效应。

第七章是政策建议部分。首先基于研究提出互联网经济下居民消费与金融投资行为的优化方向，其次基于优化方向提出完善互联网经济环境，提高居民互联网经济意识与理性金融投资意识，促进居民增加消费、优化消费结构与金融结构的具体政策建议。

第八章是结论与展望部分。

第五节　研究思路与研究方法

居民的消费与金融投资行为一方面受到外部经济环境以及自身内部特征的影响，另一方面也会反作用于金融市场与宏观经济。本书依据以下思路展开研究：互联网经济对居民消费与金融投资行为的内外部环境的影响—居民消费与金融投资行为的特征、变化以及经济效应—政策建议。在概念界定和理论基础的梳理后，首先分析互联网经济对居民消费行为与金融投资行为内外部环境的影响；其次分别分析居民消费行为、居民金融投资行为的概况、特征、总量与结构调整以及产生的经济效应，进而分析互联网经济下居民消费行为与金融投资行为的相互作用；最后提出优化居民消费与金融投资行为的政策建议。

本书的研究方法包括：

1. 坚持历史唯物论和辩证唯物论

无论是宏观经济运行还是居民消费与金融投资行为都具有历史演变的特征，具有一定的规律。历史唯物论是分析人类社会发展规律的方法论，因而要坚持历史唯物论来对居民消费与金融投资行为进行分析。凡事有利也有弊，互联网经济下居民消费行为与金融投资行为的变化对经济的影响也存在着正面影响与负面影响，要采用辩证的方法来分析。

2. 规范分析与实证研究相结合

在研究互联网经济下居民消费与金融投资行为变化以及经济效应时，首先采用了规范分析的方法，在理顺作用机制后又进行实证分析。本书中涉及的实证尽量都使用面板数据模型。使用面板数据模型能够扩大样本量，提高估计结果的说服力，但在面板数据难以获得的情况下，使用时间序列来进行实证分析。

3. 归纳分析与演绎分析相结合

本书在对互联网经济发展、居民消费行为与金融投资行为的演变及特征进行总结时，采用了科学的归纳方法。在分析居民消费与金融投资行为变化产生的经济效应时则运用演绎分析的方法。

4. 理论研究与案例分析相结合

将新古典经济学理论、行为经济学等理论运用到互联网经济下居民消费行为与金融投资行为的分析中来，并结合互联网经济活动中的典型案例如余额宝投资、P2P借贷展开分析。

5. 微观机理与宏观影响相结合

中国宏观经济的良性运行，既有赖于一个有秩序和协调的经济环境，也有赖于构筑一个充满活力而且能够自我约束的微观主体。居民的消费与金融投资行为是为了满足自身需要、根据自身约束情况追求效用最大化的行为。居民的消费总量和消费结构对经济发展不同阶段的产品构成、产业结构有最终的影响作用。居民是主要的资金盈余方，盈余资金的投入得以满足实体企业的资金需求。居民的消费与金融投资行为影响商品市场与资金市场的契合度，最终有助于宏观经济均衡的实现。总而言之，居民消费与金融投资行为既是微观机制的分析问题，又是宏观经济的重塑问题，所以必须从微观到宏观深入把握，才能更好地研究居民消费与金融投资行为的真正内涵。

6. 动态分析与静态分析相结合

在经济环境变化时，居民等微观主体的经济行为会因为预期、约束与收益率的不同而呈现纷繁多变的特征，因而需要从动态上加以把握。本书在分析当期收入约束下居民在消费与金融投资之间的分配主要是静态分析；在分析跨期约束与跨期效用最大化时则主要是动态分析。

第六节 创新与不足

一、创新点

本书的创新之处主要体现在以下四个方面：

(1) 深入地分析了互联网经济下的居民消费行为与金融投资行为，尝试构建了互联网经济下居民的消费行为与金融投资行为关系的研究框架。近年来，互联网快速发展，使居民行为发生了巨大的变革，本书分析了居民消费与金融投资行为发生变化的原因及主要特征；分别分析了互联网经济下居民消费行为的变化、居民金融投资行为的变化以及消费行为与金融投资行为的相互作用；较为系统地从居民收入分配的角度研究互联网经济下消费与金融投资行为。从消费与金融投资的关系中探寻居民增加消费的具体路径。

(2) 全面总结了互联网经济下居民消费行为与金融投资行为的新特征，并对这些新特征的影响进行了理论分析。居民消费行为的特征表现为消费需求实现的便捷性、即时性，消费行为的从众性、群聚性，消费支付方式的虚拟化，消费选择的多样化、个性化；金融投资行为的特征表现为金融投资需求实现的便捷化、普及化，理财性行为增加，金融投资行为的直接性，金融投资选择多元化；居民消费与金融投资行为替代中的特征表现为消费行为与金融投资行为调整的摩擦减少、灵活性提高，消费行为与金融投资行为的一体化。

(3) 详细、系统地分析了互联网经济下居民消费与金融投资行为的内外部环境，提出互联网经济下居民消费支出增加的促进效应、互联网经济下居民消费结构的优化效应、互联网经济下居民金融投资结构的优化效应。认为互联网经济下居民行为的内外部约束都发生了改变，具体表现在行为选择自由的约束大幅减弱、未来不确定性降低、价格弹性增加、预算约束和流动性约束缓解、存在无风险套利机会；消费储蓄观念改变、理性化程度变化、流动性偏好弱化以及效用最大化程度增加。揭示互联网经济下居民消费与金融投资行为背后的原因。

（4）对近乎理想的需求系统模型（Almost Ideal Demand System，AIDS）进行拓展，实证分析了互联网经济对居民消费结构升级、金融投资结构优化的促进作用。选择 AIDS 模型将互联网水平与居民各类消费品或者各类金融投资品分别放入同一个需求体系进行回归分析。

二、不足之处

本书不足之处体现在：主要采用宏观数据进行实证分析，存在着样本区间长度不足问题。全球的互联网经济基本在 20 世纪末起步，中国的互联网经济是在近几年内才开始步入快速发展阶段，发展时间较短。用如此短的时间内的数据来实证分析容易出现偏差。

第二章 理论基础

第一节 概念界定

一、互联网经济

互联网从 20 世纪 70 年代开始应用于电子邮件,在 90 年代末步入快速应用的阶段,互联网通过对社会经济的各个方面的革新及颠覆,初步塑造出了整体的互联网经济。对于互联网经济的含义,目前还没有一个统一的界定。普遍的观点是:互联网经济的重要前提是经济活动通过互联网完成。[①] 如果以电子商务的发展作为互联网经济发展的标志,则可认为 1999 年 8848 网站和阿里巴巴集团的成立是中国互联网经济的起步。与互联网经济概念经常混用的是网络经济,中国网络经济在 20 世纪末得到了快速发展,网络经济理论也随之崛起。在 2000 年左右,国内有大量研究网络经济的文章,乌家培是国内最早研究网络经济和互联网经济的学者,他于 2000 年指出中国通常所说的网络经济实际上就是互联网经济,是一种特殊的信息网络经济。"网络经济就是通过网络进

---

① 孙宝文. 互联网经济 [M]. 北京:经济科学出版社,2014.

行的经济活动,这种网络经济是经济网络化的必然结果。"① 谢平、尹龙(2001)认为,网络经济是建立在信息革命基础上的,"网络经济的实质是信息化、全球化和一体化"。② 杨继瑞(2008)对网络经济与互联网经济的关系进行了区分,"广义地理解,网络经济是与农业经济、工业经济相对应的新型社会经济形态,属于新经济范畴;狭义地讲,网络经济就是互联网经济"③。

互联网经济一般可以分为三个阶段(孙宝文,2014)。第一阶段是网络经济阶段,主要以电子商务、网络购物活动的迅速发展为特征。第二阶段是信息经济阶段,电子商务、互联网金融、网络娱乐、即时通信等互联网应用进一步普及、范围大幅扩大,信息服务业迅速发展,该阶段以大数据、云计算的深化运用为主要特征。第三阶段是赛博经济阶段,经济活动的所有环节都由信息网络和设备连接,生产方式以及产业的组织形态发生变化。目前,中国的互联网经济还没有发展到赛博经济阶段,基本处于第二发展阶段并向第三发展阶段演进。

与互联网经济紧密联系在一起的是数字经济。2016年G20杭州峰会发布的《二十国集团数字经济发展与合作倡议》指出,"数字经济是指以使用数字化的知识和信息作为关键生产要素、以现代信息网络作为重要载体、以信息通信技术的有效使用作为效率提升和经济结构优化的重要推动力的一系列经济活动"④。数字经济强调的是互联网、云计算、大数据、物联网、金融科技以及其他新的数字技术在信息采集、存储、分析与共享过程中的应用。很多文献与报告并没有将互联网经济与数字经济做严格的区分。数字经济的重要特征是互联网的跨界融合应用。

本书认为,互联网经济与网络经济的内涵基本相同。互联网经济是基于互联网进行资源分配、生产活动以及消费活动等经济活动的总称,主要表现形式有电子商务、互联网金融、搜索引擎、即时通信和网络娱乐五大类。数字经济的范畴比互联网经济的范畴更广,两者都强调互联网在经济活动中的应用,互联网经济活动带来知识和信息的数字化,使用数字化的知识和信息作为关键生

---

① 乌家培. 网络经济及其对经济理论的影响 [J]. 学术研究, 2000 (1): 5-11.
② 谢平,尹龙. 网络经济下的金融理论与金融治理 [J]. 经济研究, 2001 (4): 24-31, 95.
③ 杨继瑞. 网络经济对消费经济推动机理的思考 [J]. 消费经济, 2008 (2): 87-91.
④ 2016年G20峰会官网, http://www.g20chn.org/hywj/dncgwj/201609/t20160920_3474.html.

产要素是数字经济的主要特征，数字经济的范畴更广体现在包括物联网等其他数字技术信息采集、存储、分析与共享过程中的应用。

二、居民与居民经济行为

（一）居民

在经济学领域中，居民与企业、政府一起作为经济活动的三大主体，主要是指以家庭为基本单位在一国或一个地区提供劳动、土地等要素相应地获取收入，并使用收入来消费、储蓄、投资的集合体。中国统计局公布的中国资金流量表中将居民部门界定为"由所有常住居民住户组成，其中包括个体经营者"①。

居民的概念不等同于家庭，家庭由居民组成，居民却并不一定归属于家庭。在经济学分析中，"家庭"是"居民"的一个代表概念，甚至是等同的。在西方经济学中，居民、家庭共用"Household"这个单词，并没有把居民和家庭区分开来。萨缪尔森、诺德豪斯与斯蒂格利茨将居民与家庭概念等同，其含义是在市场上充当商品购买者、劳务和资金供给者。实质上可由"居民"代表"家庭"来描述个人和家庭的经济决策及行为。西方主流经济学长期以来将居民作为消费者的角色来进行研究，指的是经济活动中能做出消费决策的单位，将出售劳动、出租资本而获得的收入用于购买能够满足自身需求的商品和服务。"消费者"既有可能是个人，也有可能是由个人组成的家庭，泛指一般的消费者，不是指特定的、具体的某个人。但居民不仅是消费者，还是要素供给者、储蓄者和投资者。

（二）居民经济行为及分类

居民经济行为是指居民作为市场经济主体，向市场提供劳动力、土地、管理等生产要素以获取收入，并利用收入进行消费、储蓄、投资的行为的总和。居民的经济行为包括了要素供给和收入分配两大类，具体来说，居民的经济行为主要包括向生产单位提供生产要素以获取收入的行为；对个人收入使用的消费行为及投资行为。居民的经济行为是经济运行的一个重要方面，从经济运行的角度看，可进一步将居民经济行为细分为：向社会生产活动提供劳动力等要

---

① 中国统计局网站，http：//www.stats.gov.cn/ztjc/ztfx/fxbg/200412/t20041231_15234.html.

素；使用收入购买生活资料以及服务的消费行为，保障社会再生产的进行；用消费后的剩余收入进行储蓄和投资，以作为社会积累资金。

现有文献中对居民经济行为的研究大致包括以下三种：第一，居民提供劳动的就业、工作行为，以及居民的消费、储蓄、投资行为；第二，居民消费储蓄行为；第三，仅指居民消费行为。郭其友（2001）认为，居民经济行为包括提供劳动力、购买生活资料和服务、进行储蓄和投资三种基本经济行为。刘茂松（2002）把家庭描述为一个集生产、消费和投资为一体的经济主体，其主要经济行为包括生产、消费和投资行为。当把居民经济行为作为经济运行或经济效应的微观基础进行研究时，多指居民消费和储蓄行为（卢盛荣、邹文杰，2006；陈学彬等，2005；袁志刚，2011）。以新古典经济学为主的西方经济学主要研究的是居民消费行为。消费者行为理论是西方经济学微观部分的重要内容。消费者行为理论的核心是"选择"，经常被理解为消费者选择理论，考察的是当收入或商品价格变化时，消费者在一定的预算约束下对商品需求量的变化。

居民消费与金融投资行为是居民最基本的经济行为。从收入的使用和分配来看，居民的经济行为包含了消费与储蓄之间的分配、消费选择以及储蓄选择与分配（具体的金融投资行为）。陈学彬等（2005）在研究货币政策的微观基础时将居民消费储蓄行为内容涵盖了消费与储蓄之间的决策、消费结构选择和金融资产组合选择。居民经济行为的最终目标是实现效用最大化，是满足自身物质及文化的需要。从收入支出的角度看，居民经济行为的约束主要包括自身约束和外部环境约束。自身约束主要包括收入预算约束，是指居民消费行为与金融投资行为的实施需以自身的现实及预期收入为限。外部环境约束主要包括市场约束，是指商品价格水平、金融投资收益率、商品的可选择范围等对居民经济行为产生影响。

三、居民消费行为

从经济学的角度看，居民消费行为指的是居民为满足物质及文化需要在一定的预算约束下对商品和服务的种类、数量以及质量的选择并消费使用的行为。从前文对居民经济行为的分析中可知，消费行为指的是居民用获得的收入购买自己所需商品和服务的行为。消费行为在经济学中一般被定义为"消费者在寻找、购买、使用、评定和处理希望满足其需要的产品、服务和思想时所表现出来的行为"①。

在国内外关于居民消费行为的研究中,大多数将居民消费行为分为消费水平与消费结构两大部分来解释(臧旭恒等,2001;杭斌,2006),或者仅以居民整体消费支出总量与消费倾向作为居民消费行为的分析对象(杜婷等,2006)。本书根据消费行为的定义以及诸多学者对消费行为的分析,从消费水平与消费结构两个方面研究互联网经济下的居民消费行为。

四、居民金融投资行为与储蓄行为

(一) 居民金融投资行为

居民投资行为是指期望能在一定的时期内获取收益而将收入转换为资产的行为。一般来说,居民投资的对象有实物形式和金融资产形式两种。所以,金融投资行为是指将收入转换为金融资产,以获取未来收益、提供未来消费支出保障的行为。诸多经济学家对居民投资行为的分析都是集中在居民金融投资行为上,如凯恩斯、托宾、弗里德曼等,仅考虑金融资产投资,而不涉及实物资产投资。

黄家骅(1997)认为,在不同的经济环境下,"投资"的范畴也会相应地改变,认为投资"是指经济主体为获得预期的未来收益而垫付货币或其他资源以形成资产的经济行为"②。这是广义的投资,在这个定义下,居民的投资行为与消费行为会有所重叠,比如购买名贵的珠宝行为带有盈利或保值增值的含义,既是消费行为也是投资行为。而在本书中研究的是金融投资行为,居民购买的是金融资产,从而避免了上述投资中既是消费行为也是投资行为的模糊划分。

(二) 居民储蓄行为

居民储蓄有广义和狭义之分,由于居民对可支配收入的分配,可以分为消

---

① Schiffman, L. G. & Kanuk, L. L.. Consumer Behavior [M]. Englewood Cliffs, NJ: Prentice-Hall, 1987.

② 黄家骅. 中国居民投资行为研究 [M]. 北京:中国财政经济出版社,1997:23.

费与储蓄两大部分,广义的居民储蓄指的是居民可支配收入减去居民消费的部分;狭义的居民储蓄等同于居民银行储蓄存款。从广义储蓄的范围可知,储蓄行为首先是居民对可支配收入在消费与储蓄上的分配,即居民对即期消费与未来消费的选择;其次是储蓄在不同资产中的配置,即选择持有现金、银行存款、有价证券等金融资产的行为。

李焰(1999)在对居民储蓄行为分析时主要是从居民储蓄率即储蓄水平的角度进行的。刘欣欣(2010)认为,居民储蓄行为包括两个方面:居民将可支配收入分配于消费与储蓄,以及在储蓄中进行具体的资产分配。即认为居民储蓄行为包括储蓄总量与储蓄结构两个方面。中国学者研究的居民储蓄行为多是指居民储蓄水平,例如宋铮(1999)、谭小芬等(2013)等。

(三) 居民金融投资行为与居民储蓄行为的关系

居民金融投资行为是储蓄行为的细分,是将储蓄用于具体金融资产投资的行为。居民储蓄行为和金融投资行为都是基于居民收入在消费剩余后的经济行为,是与未来消费直接挂钩的经济行为,从这个意义上看储蓄行为与金融投资行为是基本同义的,只不过居民金融投资行为更强调从盈余的支配中得到收益这层含义,是以获取收益为目的的经济行为,而储蓄行为只是消费后的剩余,是一种静态的经济行为。

居民金融投资行为受到经济环境与居民自身收入的影响,在中国传统的计划经济体制下几乎是不存在金融投资行为的。市场经济下,随着居民收入不断增长、可选择的金融产品范围扩大,居民的金融投资行为日益增加,金融投资行为对国民经济运行的重要性也受到越来越多的关注。在互联网金融出现后,整个金融领域发生了重大变革,居民的金融投资行为普遍化,因而在这个阶段,必须要关注居民金融投资行为而不仅是居民储蓄行为。

五、居民消费行为与金融投资行为的划分

本书分析的是居民消费行为及与之对应的居民金融投资行为。传统经济学从居民可支配收入分配的角度将居民经济行为分为消费行为与储蓄行为,具体包含了消费与储蓄之间的分配、消费结构选择以及储蓄中的资产选择(投资行为)。部分学者又将储蓄行为具体到实物投资与金融投资行为。由于实物投

资行为与消费行为具有重叠部分，实物投资行为实质上是消费性投资行为，本书从居民可支配收入分配的角度将居民经济行为划分为消费行为与金融投资行为。

中国统计局中将居民部门界定为"由所有常住居民住户组成，其中包括个体经营者"①。个体经营者的实物资产投资与购买生活资料的消费是难以区分的，并且实物资产主要包括了房产、耐用消费品、自有生产性的固定资产等，而耐用消费品以及部分自有生产性固定资产可划分为消费品；房产以及大型的生产性固定资产投资需要大量的资金，这类支出的实现需要前期的金融投资来做支撑。换句话说，当期的金融投资主要是为了实现未来的大型消费支出。从跨期消费选择理论的角度看，居民的消费具有当期消费与未来消费之分。

总体来说，当期的金融投资是为了实现未来消费。基于以上原因，本书把一些学者分析的实物投资行为归类为消费行为。在这个划分下，储蓄行为与金融投资行为的范围基本相同，不同点体现在储蓄行为强调的是居民收入在消费与储蓄之间的分配，着重储蓄的总量，而金融投资行为强调的是把储蓄额具体投资到不同的金融资产上。

在互联网经济下，居民储蓄能够便捷地、普及化地分配到多样化的金融资产中，以金融投资行为来描述互联网经济中居民对消费盈余（储蓄）的配置更贴切。所以，如图2-1所示，居民的经济行为可划分为消费行为与金融投资行为。

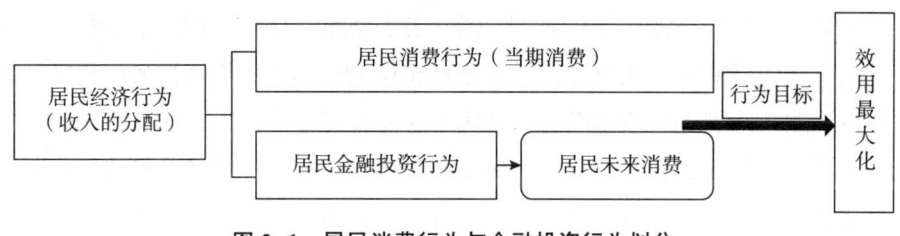

图 2-1 居民消费行为与金融投资行为划分

---

① 中国统计局网站，http：//www.stats.gov.cn/ztjc/ztfx/fxbg/200412/t20041231_15234.html.

互联网经济下居民消费与金融投资行为研究

第二节 居民消费行为与金融投资行为理论

一、需求层次理论

需求层次与需求偏好是居民消费行为与金融投资行为的重要理论基础，人的需求是行为的动力来源，居民根据自身需求做出行为决策。

（一）马斯洛的需求层次理论

美国著名心理学家马斯洛提出的需求层次理论是被广泛引用的需求解释理论。他在著作《动机与人格》中将人的需求分为五个层次，由低到高分别是生理需求、安全需求、归属和爱的需求、尊重需求以及自我实现需求。各层次需求的满足遵循从低到高的规律，只有低层次的需求得到满足，才会产生高层次的需求。生理需求是最低层次和最基本的需求，这类需求通过在衣食住行等基本生存条件上得到满足。安全需求是生理需求的延伸，主要是指对现在以及未来生存安全感的需求。归属和爱的需求是人作为社会人所具有的需求，希望自己能够归属于某一阶层和团体。尊重需求包括了自尊以及别人的尊重。自我实现的需求指的是通过培养、发展、不断完善自己，进而实现自己的理想与抱负的需求。

基本生理需求驱动居民的消费行为，金融投资行为与安全、归属、尊重、自我实现等需求相关。由马斯洛的需求理论可知，消费与金融投资行为的关系可阐述为：购买食品、衣服等行为是为了满足最基本的生理需求，因而消费行为是最基本的行为，只有当人们的消费需求得以满足之后，才会产生金融投资的需求。

（二）马克思主义的消费资料层次理论

在社会资本再生产理论中，马克思将消费资料分为必要的与奢侈的两大部分。其中，必要消费资料是为了满足基本的生存需求，而奢侈消费资料是为了满足较高层次的享受需求，发展的需求则是最高层次的需求。恩格斯把人的消费资料需求分为三个层次,由低到高分别是生存需求、享受需求以及发展需求。只有在低层次需求得以满足的情况下,人们才会追求较高层次的需求,即只有在生存需求得到满足后,人们才会对享受需求以及发展需求进行追逐。

二、西方经济学的消费储蓄理论

消费储蓄理论是探寻消费储蓄的影响因素、描述经济个体的消费储蓄行为,并从中理出对应政策建议的逻辑性解释。① 由于在收入一定的情况下,消费的对应面即为储蓄,消费理论也被称为消费储蓄理论。消费储蓄行为理论的演进可分为三个阶段:以凯恩斯主义为代表的强调即期消费的消费储蓄理论、确定性条件下的跨期消费储蓄理论、不确定性条件下的消费储蓄理论。

(一) 强调即期消费的消费储蓄理论

早期的消费储蓄理论强调即期收入对即期消费的影响,从收入的角度分析居民家庭的消费储蓄行为,认为消费是现期收入的函数。这类理论包括凯恩斯的绝对收入假说,以及试图修正绝对收入理论的相对收入假说。

凯恩斯从宏观经济学的角度将消费与收入水平相结合,形成绝对收入假说,认为当期消费与当期收入之前的关系可表示为:$C=\alpha+\beta Y_d$,对应的储蓄函数可表示为:$Y_d-C=Y_d-\alpha-\beta Y_d=-\alpha+(1-\beta)Y_d$。凯恩斯绝对收入理论认为即期消费与即期收入存在正相关关系,且具有边际消费倾向递减规律。

杜森贝里的相对收入理论指出,个人的消费行为不仅受自身现期绝对收入的影响,还受到自身相对收入水平、消费水平和他人消费行为的影响,存在着消费刚性(棘轮效应)和示范效应。示范效应表明,即使在自身收入和商品价格不变时,消费者的消费习惯也能发生变化,个人消费受到其他消费者消费行为的影响,消费者与其他消费者进行比较,试图超过同一阶层中其他人的消费水平。

(二) 确定性条件下的跨期消费储蓄理论

莫迪利亚尼的生命周期理论与弗里德曼的持久收入假说是跨期最优消费理论,都是认为居民的当期消费行为是由长期收入而不是由当期收入决定的。莫

---

① 邓翔,姜洋. 经济转型期中国居民消费储蓄行为及其影响 [M]. 北京:科学出版社,2015:14.

迪利亚尼的生命周期假说认为人们的当期消费支出与其生命周期内未来收入的现值有关，希望在整个生命周期内实现消费的跨期平滑以及效用现值最大化，主要包括了生命周期—持久收入理论，以及理性预期—生命周期—持久收入理论。

生命周期理论和持久收入理论是跨期最优消费理论，都是先构建一个代表性消费者的消费行为模型：

$$U = \sum_{t=0}^{\infty} \beta_t u(C_t)$$

$$\text{s.t.} \quad \sum_{t=0}^{\infty} \frac{C_t}{(1+r)^t} = \sum_{t=0}^{\infty} \frac{W_t}{(1+r)^t} + (1+r)A_0$$

其中，效用函数 $u(C_t)$ 满足 $u'>0$，$u''<0$。β 是代表消费者的主观贴现率。约束式的经济含义是行为人（消费者）生命周期内的消费总和的现值等于收入和财富的现值。生命周期—持久收入假说理论不考虑不确定性因素，是基于跨期效用最大化的原则分析确定性条件下居民消费储蓄决策的理论，认为居民对自身未来收入水平能够准确地预知并确定生命周期中最优的消费路径。

（三）不确定性条件下的消费储蓄理论

由于绝对收入理论、持久收入理论都存在一定的局限，很多学者对经典理论进行了修正和拓展，加入了理性预期、不确定性、风险厌恶、跨期替代弹性等因素来研究居民消费储蓄行为，主要包括了理性预期—生命周期—持久收入理论、预防性储蓄理论、流动性约束理论和缓冲存货储蓄理论。

生命周期理论与持久收入假说受到卢卡斯理性预期理论的影响，形成了理性预期—生命周期—持久收入理论。在卢卡斯批判下，人们认识到未来收入是不确定的，在不确定条件下的消费路径就可能是不同的。霍尔将理性预期作为不确定性的处理方法引入生命周期—持久收入理论。消费者对外部环境可能出现的不确定性冲击都经过理性预期的调整，将不确定性变为确定性，假定效用服从二次型函数 $u(C_t) = C_t - \frac{a}{2}C_t^2$，在引入预期因子 E_t 后，约束式为：

$$\sum_{t=0}^{\infty} \frac{E_t C_{t+i}}{(1+r)^i} = \sum_{t=0}^{\infty} \frac{E_t W_{t+i}}{(1+r)^i} + (1+r)A_0$$

风险的存在和信贷市场的不完善使居民会在生命周期内更多地储蓄。当居民预期未来的消费支出可能会大于当期的消费支出，为防范可能出现的收入风险及不确定性而进行的储蓄是预防性储蓄，不确定性的存在使得居民增加储蓄。不完善的信贷市场导致居民难以无成本或低成本地借贷以平滑消费，消费行为受到流动性不足的影响。为应对流动性约束，居民进行的储蓄即为流动性约束储蓄。缓冲存货储蓄理论是在预防性储蓄理论上形成的新分支，是将预防性储蓄中面临的不确定性和流动性约束储蓄中面临的流动性约束联合起来考虑的理论。该理论将储蓄当成缓冲存货，在境况不好时居民借助缓冲存货来维持正常消费。消费者为自己设定了一个财富水平与持久收入的目标比例，当财富水平没有达到目标比例时，在预防性储蓄动机的驱动下，消费者会减少消费、增加储蓄。当财富水平达到或高于目标比例时，消费者会增加消费、减少储蓄，甚至形成负储蓄。

三、西方经济学的消费结构理论

消费结构反映了消费者各类消费支出在总消费支出中所占的比重。研究消费结构的两个典型模型是 Stone（1954）的 LES 模型（线性支出系统模型）、Angus Deaton 和 John Muellbauer（1980）提出的 AIDS 模型（近乎理想的需求系统）。此外，恩格尔系数也常被用来分析消费结构。一般来说，恩格尔系数越高意味着食品支出占比越大，但此方法仅考虑了食品消费支出与总支出之间的关系，而未衡量其他消费品的支出情况。

美国经济学家 Luch（1975）的 ELES 模型，是在 Stone（1954）的 LES 模型上发展而来的，都是将消费者对各种商品的需求划分为基本需求和额外需求，描述的是一定时期内，在特定的价格和收入条件下，居民在满足了自身基本消费需求后，剩余收入在储蓄和其他各类商品之间进行分配（李晓楠、李锐，2013）。

ELES 模型与 AIDS 模型都是在理性假说下，从特定的效用函数中推导而来。ELES 是以商品的消费量作为被解释变量，而 AIDS 模型是以各类商品消费的比重为被解释变量。AIDS 模型基于对理性消费者特定偏好的假设，通过设定线性的和齐次的成本函数推导出各类消费品支出份额的表达式，被广泛地用于对需求系统进行估计，同时还可用于检验需求系统中的齐次性和对称性。

四、西方经济学的金融投资理论

以上消费储蓄理论，重点研究的是居民如何在消费与储蓄之间进行分配，而没有详细地分析居民金融投资行为，即居民的金融资产选择和调整行为。

凯恩斯的货币需求及流动性偏好理论分析了居民的货币需求，为后来的资产选择理论奠定了基础。凯恩斯理论认为，居民货币需求有三大动机，分别是交易动机、预防动机和投机动机。这三个动机可说明居民的货币需求和对金融资产的流动性偏好，能解释在不确定环境下居民储蓄及金融投资的心理特征。在流动性偏好理论中，居民投机动机是为了实现金融资产的收益最大化，预防性动机的基础是不确定情况下居民对风险的厌恶。凯恩斯的有效需求理论，指出了人具有节约的天性，天生爱好储蓄，导致社会需求不足；而且人具有流动性偏好，总是喜欢持有流动性较高的货币。凯恩斯认为是投机者的投资情绪影响金融投资与投机的交易量，并且这些金融交易虽然受到社会生产的影响，但与社会生产之间没有固定的关系。

对居民的金融资产选择的研究，以马克维茨（Markowitz）的资产选择理论为标志。Markowitz 在 1952 年创立现代投资组合选择理论，该理论考虑金融资产的风险和收益率，强调金融资产投资多样化以分散风险，通过最小化组合风险来最优化资产配置。Tobin 于 1958 年提出"两基金分离定理"，在可以卖空的情况下，有效的证券投资组合是一种无风险资产与一种风险资产的线性组合。投资者的风险偏好程度不同，风险资产在投资组合中所占的比例也就不同。Merton（1969，1971）的跨期模型和 Samuelson（1975）的生命周期模型建立了一个长期投资者资产配置行为的理论框架，之后对于家庭最优投资组合选择问题的研究基本上是建立在这种长期资产配置的理论之上。Campbell 等（2002）将投资者分为长期投资者和短期投资者进行分析，其中长期投资者考虑资产的跨期配置，研究了在什么样的条件下两者具有相同资产配置，以及当这些条件不满足时长期投资者该怎样进行资产组合的调整。

五、马克思关于消费与投资的论述

(一) 马克思关于消费的论述

马克思认为消费是生产活动的最终目的,"没有消费,就没有生产,因为如果这样,生产就没有目的"①。"生产直接是消费,消费直接是生产。每一方直接是它的对方"②。而且消费是再生产活动的终点,产品最终得以完成要依赖于消费,"产品不同于单纯的自然对象,它在消费中才证实自己是产品,才成为产品。消费是在把产品消灭的时候才使产品最后完成"③。

马克思在对使用价值的描述中指出,商品的使用价值只是商品的一种属性,它只有在消费的过程中才能够实现,体现的是一种人与物之间的关系,是人的需要被物的自然属性满足的关系。马克思认为使用价值具有:①"物的有用性使物成为使用价值"④;②"使用价值只是在使用或消费中得到实现"⑤。

首先,消费可以分为资本家的消费和工人的消费,马克思分析的以私有制为特征的资本主义社会,社会成员——资本家和工人之间具有鲜明的阶级界限。不同阶级的收入不同,消费也不同。在资本主义社会中"社会消费力既不是取决于绝对生产力,也不是取决于绝对的消费力,而是取决于以对抗性的分配关系为基础的消费力;这种分配关系,使社会上大多数人的消费缩小到只能在相当狭小的界限以内变动的最低限度"⑥。工人的工资是以其劳动力价值为界限的,工人的消费只是为补偿劳动力,是以劳动力的再生产为最终目的:"劳动力的价值就是维持劳动力占有者所必要的生活资料的价值。"⑦ 而资本家在不断地压榨剩余劳动价值,"节欲"积累以进行扩大再生产。资本家要生活,也会像工人一样购买生活资料,与工人个人消费不同的是,资本家的个人消费除了包括生活资料外,还包括奢侈品,各类资本家"在必要消费品和奢

---

①② 马克思恩格斯全集(中文版)(第12卷)[M]. 北京:人民出版社,1962:741.
③ 马克思恩格斯全集(中文版)(第12卷)[M]. 北京:人民出版社,1962:740.
④ 马克思. 资本论(第一卷)[M]. 北京:人民出版社,2004:48.
⑤ 马克思. 资本论(第一卷)[M]. 北京:人民出版社,2004:49.
⑥ 马克思恩格斯全集(中文版)(第25卷)[M]. 北京:人民出版社,1972:272-273.
⑦ 马克思. 资本论(第一卷)[M]. 北京:人民出版社,2004:197.

侈品之间分配他们的剩余价值"①。资本家只是将剩余价值的一部分用于消费,剩余部分用于追加投资,进行扩大再生产,以获取更多的剩余价值。

其次,工人消费可以分为生产消费和个人消费,而且只有个人消费才是用于自己生存的消费。"工人的消费有两种。在生产本身中他通过自己的劳动消费生产资料,并把生产资料转化为价值高于预付资本价值的产品。这就是他的生产消费。同时这也是购买他的劳动力的资本家对他的劳动力的消费。另外,工人把购买他的劳动力而支付给他的货币用于生活资料:这是他的个人消费。可见,工人的生产消费和个人消费是完全不同的。在前一种情况下,工人起资本动力的作用,属于资本家;在后一种情况下,他属于自己,在生产过程以外执行生活职能。前者的结果是资本家的生存,后者的结果是工人自身的生存。"② 在资本主义制度下,工人的个人消费尽量被限制在必要的范围内,"在绝对必要的限度内,只是把资本用来交换劳动力的生活资料再转化为可供资本重新剥削的劳动力"③。

(二) 马克思关于投资的论述

"马克思把居民投资放在特定的财产制度关系中来考察它的本质和作用,深刻地揭露了资本主义银行信用制度把中下层居民投资转化为资本的经济现象与实质。"④ 在马克思的分析中,依靠自身劳动换取收入的熟练工人并不拥有土地和资本等生产要素。而小业主、小商人,除了可获取劳动收入外,还能够得到由生产要素投入产生的收入。

在《资本论》中,马克思把随不同阶层(大企业家、小商人、小业主、熟练工人、普通工人等)投资的研究置于特定的财产制度中,分析了资本的来源与本性,指出在资本主义制度下的银行制度把消费剩余集聚起来成为投资基金,继而变成了资本家的货币资本,在这个资本集中的过程中,消费剩余(特别是无产阶级的剩余)与中小资本被占有。"随着银行制度的发展,特别是自从银行对存款支付利息以来,一切阶级的货币储蓄和暂时不用的货币都会存入银行。小的金额是不能单独作为货币资本发挥作用的,但它们结合成为巨

---

① 马克思. 资本论(第二卷)[M]. 北京:人民出版社,2004:455.
② 马克思. 资本论(第一卷)[M]. 北京:人民出版社,2004:659.
③ 马克思. 资本论(第一卷)[M]. 北京:人民出版社,2004:660.
④ 黄家骅. 中国居民投资行为研究[M]. 北京:中国财政经济出版社,1997.

额，就形成了一个货币力量。"①

六、行为经济学理论

在实际的经济活动中，经济主体不可能每时每刻都追求自身效用的最大化，也不可能每一个行为决策都符合最优化经济行为组合。因此，关于经济主体行为非理性方面的研究便逐渐受到重视。行为经济学的研究对象是微观主体的经济行为以及行为后果，并从这个角度解释现实中的经济现象。传统经济学领域对微观主体行为的研究基本上都是基于"理性人"假设，但在具体的分析中由于现实经济环境的复杂、认知水平的有限以及信息传递的有效性难以实现等原因，"完全理性"状态是难以达到的。

行为经济学理论认为行为主体对个人损失的关注程度要大于收益，因而在面临损失和收益两种情况时，往往损失对行为主体的决策影响要大。而行为后果对微观主体的影响在有参照物对比的情况下要猛烈一些。人对于事物的敏感度是事物变化的凹函数，并且偏好是在不同时期不同情况下变化的（黄祖辉、胡豹，2003）。对于偏离理性的判断也是有多种方式，主要包括根据代表性的经验进行推断，后悔理论与认知失谐理论、锚定现象、心理账户、反应过度与反应不足、应用失误及分离效应等。

行为消费理论关注消费者的异质性，从社会特征、心理因素等方面将微观基础假设进一步细化来研究消费行为，强调认知偏差、社会地位、互利、延迟等心理和社会因素对消费行为的影响。行为消费理论有三大假设：不完全理性预期、不完全意志力和不完全计算能力。以行为生命周期理论为例，行为生命周期理论认为消费者对消费与储蓄的分配是一种痛苦的抉择，控制消费的诱惑需要行使意志力，意志力行使中的自我控制就会产生"心理成本"，于是引入了"心理账户"的概念。消费者为不同来源的收入建立不同的心理账户，不同心理账户中的收入用于消费或储蓄的心理成本不同。对于意外获得的资金，例如投资的收益、意外的遗产、所得税返还等，消费者更愿意用于消费。孙凤、丁文斌（2005）将居民的资产账户分为三类：当期收入账户、财产账户

---

① 马克思. 资本论（第三卷）[M]. 北京：人民出版社，2004：453-454.

以及未来账户,并通过实证分析了居民在不同状态时启用不同的账户。当期可花费的收入账户中的收入用于储蓄的心理成本最大,而未来收入账户的收入用于储蓄的心理成本最小,现期财产账户的心理成本居中。

行为金融学认为投资者存在着认知偏差,因而投资者的纯粹理性并不存在,都是有限理性,并且市场上存在投资者的一致性行为。行为金融学研究居民的金融投资行为主要分为两个方向:基于心理学、社会学以及实验经济学研究投资者的情绪与行为;基于投资者的情绪与行为研究不同情绪对投资者决策的影响,例如心理账户理论。邹红(2010)将居民金融资产投资理论分为完全理性下和有限理性下的资产选择理论。早期的金融资产投资理论基本上是基于居民完全理性下的,认为居民是根据金融资产的风险与收益来投资,较少考虑行为者的心理及社会因素。有限理性下的金融资产投资行为理论则将行为者的心理、社会因素考虑进来。

第三节 互联网经济下居民消费与金融投资行为的相关理论

互联网本身是一项信息通信技术,具有高效传递和处理信息的能力。互联网经济是基于互联网进行资源分配、生产活动及消费活动等各类经济活动的总称,是可以减小交易摩擦、扩大经济主体选择范围的一种经济形态。因而互联网经济下居民消费与金融投资行为的相关理论涵盖了长尾理论、信息化理论、需求方规模经济理论以及普惠金融理论等。

一、长尾理论

长尾理论是互联网时代的一种理论,由克里斯·安德森于 2004 年最早提出,最开始用于对亚马逊这类电子商务网站的经济模式进行描述和解释。该理论的基本原理是"积少成多、聚沙成塔",认为"二八定律"中被忽略的 80%的小客户群,其小量、零散、个性化的需求也可以汇聚成一个大规模的长尾市场,大量小市场的总和可以与大市场相媲美。其核心观点是当商品存储空间与流通渠道足够时,商品生产、销售与流通的成本大幅下降,生产门槛急剧降低,企业进入需求量小的产品市场领域十分容易,且销售渠道畅通,那么产品需求量小的长尾市场就会逐渐被覆盖,个性化的需求就能被满足。

在传统经济环境下具有明显的"二八分割"现象,企业的收入几乎都由20%的客户创造,而剩下的80%客户,由于需求具有个性化、零散、小量等特征而难以被满足,或者是需要较高的成本去满足,所以企业忽略了处于"长尾"市场上80%的客户。而互联网经济的发展突破了这种局限,能够覆盖客户众多而需求量小的市场。互联网经济下的长尾理论与传统经济下的"二八定律"的对比如表2-1所示。

表2-1 长尾理论与"二八定律"对比

	长尾理论	"二八定律"
经济导向	需求方规模经济	供给方规模经济
市场目标	长尾市场	热门市场
市场服务	个性化服务	大众化服务

互联网经济的直接性、信息收集和处理的高效性、能够突破空间限制等特征使长尾市场上的需求能够被有效地集中起来。企业可快速将大量相似的小需求集中后生产产品,产生规模经济,成本大幅降低,从而满足长尾市场上的小量、个性化需求的边际成本很低。互联网经济天然与中国的长尾市场相契合,主要表现在:互联网的发展使个性化需求得到满足的成本显著降低、厂商提供个性化产品和服务的能力增强;随着居民收入的增长,居民对个性化、品质生活的追求日益明显;中国具有庞大的人口基础,一个小众需求也意味着大量的用户群。

同时,互联网金融具有长尾效应。互联网金融的信息技术优势、开放性、低成本优势增强了金融的普惠性,提高了金融供给水平、缓解了中国的金融抑制,使处于长尾市场中的居民能够借助互联网接触到第三方支付、金融理财等产品,享受到金融服务。使得金融活动的主体范围扩大,更多的居民特别是偏远地区的农村居民参与到金融活动中来。同时,互联网金融通过提供个性化的服务、差异化的定价、与消费行为等相互关联的增值服务等使居民的金融行为频率增加，使金融市场上的"长尾"向"厚长尾"发展。

二、信息化理论

信息化是指信息通信技术的不断深化应用，是信息传输网络化、信息记录和应用不断数字化和智能化，并促成应用对象（如企业生产、居民生活）发生变革的过程。信息化促进各个领域实现信息的高效处理和传递，缓解信息的供需矛盾，从而提高效率。在信息化过程中计算机、互联网、通信以及信息是经济活动和社会活动的主要基础和支撑。信息技术具有克服地理距离和经济差异障碍、弱化资源分配不均的功能。信息通信技术的发展显著降低信息收集和处理的时间成本和货币成本、提高信息的透明度和完全度，可以在一定程度上缓解由信息不对称引发的逆向选择、道德风险等经济问题。

互联网本质是一种信息技术，是人们用来生活、生产的一种技术工具，但这种工具强大的连接性、快捷性、巨容性和融合性不断地改变人们的思维方式、生活方式、生产方式，产生了巨大的生产力。互联网已成为现在各类行为主体的主要信息来源，通过互联网进行的经济活动可以被记录，每天产生大量的数据。互联网本身又具有强大的信息收集和数据承载、处理功能，体现在：社交网络平台生产和传播信息；搜索引擎组织、排序和检索信息；云计算对海量信息的高速处理。

与互联网技术、信息化相伴随的是大数据，大数据是指由互联网交易、网络点击量、电子邮件、传感设备等数据源产生的大规模、复杂的数据集，具有规模大、种类多、价值密度低和数据处理速度快四大特征。有效地利用互联网上的数据资源，不仅能够节约信息收集和整理的时间、提高生产效率，还能够使生产活动更加精准化。众多分散的信息能够快速地被集中和处理，消费者信息、销售者信息、资金供需双方的信息等通过各种互联网平台和技术集中起来，形成信息集聚效应，从而可提高信息透明度、降低交易成本、提高交易效率。在互联网经济下，信息、数据成为经济活动中的重要因素和主导性资源。

居民的消费行为与金融投资行为与所处的信息环境息息相关。互联网技术从根本上改善了人类所处的信息环境，基本实现了充分的信息分享环境，直接导致在居民的日常生活中有"搜索""链接""分享"等新关键词及对应的新行为。互联网经济下，居民消费与金融投资行为的信息化主要表现在：在互联网强大的网络连接性下，信息收集变得十分便捷、快速，居民由被动地接收信息变为积极主动地收集信息，借助所掌握的大量信息来做出消费与金融投资行为决策。居民的消费行为、金融投资行为，小微企业的信贷记录及市场行为都因为信息技术的提高和广泛运用而能够被相关人群所获知，使信息变得较为对称。随着互联网技术的发展、互联网应用的不断普及、互联网经济范围的扩大，无论是消费者还是生产者掌握的市场信息和商品信息都不断地趋于完全，对微观主体行为的分析可趋近于完全信息假设。信息获取渠道增多、信息透明度增加、消费者在信息获取的便捷性方面也大幅提高，信息不对称情况得以改善。

三、需求方规模经济理论

需求方规模经济本意是指某一项产品或服务的需求者数量越多时，该产品或服务具有的价值就越大；同时供给方也能降低提供该产品或服务的成本，进而降低价格、提高质量、提供多元化产品和服务。需求方规模经济的本质是网络外部性，当居民对某一产品或服务的使用人数增加、口碑增加，获得的效用就增加。互联网经济中的消费行为具有正的外部性，消费者对某一商品的需求量随着他人对该商品的购买量增加而增加。在互联网经济下，需求方规模经济取代供给方规模经济。

需求方规模经济理论与解释信息通信技术发展规律的摩尔定律和梅特卡夫定律具有异曲同工之处。摩尔定律和梅特卡夫定律不仅揭示了信息通信技术的发展规律，更是体现了互联网经济的自我扩张性。摩尔定律是英特尔的创始人戈登摩尔提出的一个经验性法则，即"计算机芯片的处理能力每18个月增加一倍"。后人对摩尔定律进行了经济学解释，认为其震撼了传统经济学强调的边际收益递减规律。在信息技术时代，生产方式由资源依赖转变为技术依赖，经济活动以低物耗、低成本、高技术含量为特征，信息成为生产过程中的主要生产要素，而信息的边际成本非常小（周子学，2014），边际收益递增规律产生的主要原因是互联网等信息技术大幅降低社会化的成本、时间成本和空间成本。梅特卡夫定律描述了网络的外部性，指的是网络价值与互联网用户数的增加而呈指数增加，由乔治·吉尔德在 1973 年提出，网络的用户越多，产生的外部性就越大，并且这种外部性具有乘数的效果。

对支付宝、微信支付等互联网金融产品的使用具有网络外部性，使用者越多，使用者所获得的效用也就越大。首先，支付宝和微信支付所依托的互联网金融平台本身具有庞大的用户群体，这些原有的用户可以非常方便地使用平台上的互联网金融服务、购买互联网金融产品；其次，这些用户之间的互动交流频繁，带动越来越多的用户使用支付宝、微信支付等互联网金融产品，使用者越多，原有用户使用这类产品所能获得的效用也就越大，具有十分明显的直接网络外部性。对于 P2P 平台体现更多的是间接网络外部性，即一种产品的使用者越多，该产品的另一部分用户所获得的效用越大。P2P 的贷方越多，那么 P2P 借方所获得的效用就越大。互联网强大的连接力、信息收集和信息处理能力又进一步加强互联网的网络外部性，使居民消费与金融投资行为产生相互影响、产生规模经济。

四、普惠金融理论

普惠金融理论的历史不长，普惠金融的概念最早是联合国在 2005 年宣传国际小额信贷年时提出的。普惠金融有狭义和广义之分，狭义的普惠金融是指能够为传统或正规金融体系之外的广大中低收入阶层和小微企业甚至是贫困人口提供可得性金融服务；广义的普惠金融是指将需要金融服务的所有人都纳入金融服务范围，使其拥有公平的机会，让所有人得到适当的、与其需求相匹配的金融服务。

普惠金融体系指的是一个持续的，能够有效地、全方位地为社会各阶层与群体提供服务的金融体系。普惠金融体系具有以下特征：第一，所有参与者能以合理的价格获得信贷、储蓄、支付、转账、理财、保险等广泛的金融服务；第二，金融体系拥有健全的金融机构；第三，这些金融机构在财务方面具有可持续性，从而保障所提供的金融服务具有可持续性；第四，金融体系存在竞争性的金融服务提供者,为市场提供多样化的金融服务选择。①

互联网金融产生于以银行为代表的正规金融对小微企业的支持不足、民间金融风险频发、普通投资者投资渠道有限、银行存贷利差大的"金融压抑"背景下。互联网金融通过应用大数据、云计算、移动支付等现代的信息技术,具有门槛低、覆盖面广、突破时空限制、信息不对称程度低、便捷性高的优势,有效整合金融碎片资源,打破时间地域的限制,很好地填补了长期金融压抑导致的金融服务空白,补足传统金融机构服务的"短板"。互联网金融充分体现普惠性原则,通过丰富金融产品,扩大了金融服务对象的范围,使金融服务覆盖全社会,尤其是中低收入阶层,大幅拓展了金融的深度与宽度,减小了小额融资的难度,因而具有普惠性。

互联网金融与普惠金融具有很多共同点,很多学者认为互联网金融有助于推动普惠金融的发展,两者的共同点体现在:都提倡"平等、开放和共享"的理念;注重对大众客户群体的服务;都能够降低金融成本。

第四节 本书的理论分析框架

互联网经济的发展使居民消费与金融投资行为的环境发生了变化,环境变化决定了居民消费与金融投资行为要调整,同时也影响消费行为与金融投资行为之间的关系;反过来,居民消费与金融投资行为的调整会进一步反作用于行为环境(见图2-2)。

居民的消费与金融投资行为一方面受到外部经济环境与自身特征的影响,另一方面也会反作用于经济环境。互联网经济的发展使居民消费与金融投资行为的环境改变得十分明显,本书借鉴新古典经济学对居民消费行为内外环境的设定来分析互联网经济对居民消费与金融投资行为环境的影响;在行为环境改变的情况下分析居民消费行为的特征和变化、居民金融投资行为的特征和变化,以及居民消费与金融投资行为的相互关系;居民消费行为与金融投资行为

---

① 丁杰. 互联网金融与普惠金融的理论及现实悖论 [J]. 财经科学, 2015 (6): 1-10.

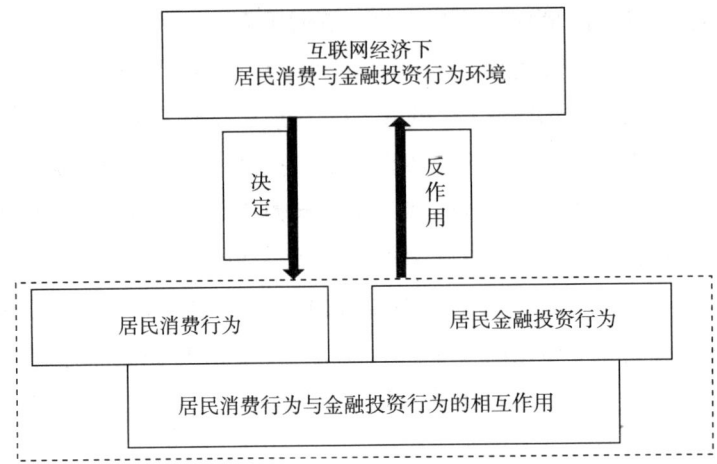

图 2-2 理论分析框架

的变化又反作用于经济环境，对宏观经济产生效应。互联网经济下居民消费行为与金融投资行为产生的经济效应与在非互联网环境下是有差异的，主要表现在互联网具有加速效应和放大效应、经济效应产生的时滞减少、风险波及的范围增加且具有新的风险表现形式。

第三章　互联网经济对居民消费与金融投资行为环境的影响

在新古典经济学中建立起来的消费者行为理论，对消费者行为的外部环境与内在主体做了设定。但在经济发展的不同阶段，外部环境和内在主体设定具有不同的表现。本书研究的是互联网经济对居民消费与金融投资行为的影响，因而首先根据中国互联网经济的发展情况分析居民消费与金融投资行为的外部环境以及内在主体设定的变化。互联网经济通过对居民消费与金融投资行为的外部环境及内在主体设定的影响，进而对居民消费与金融投资行为产生作用。

第一节　互联网经济发展现状及特征

互联网经济的表现形式主要有电子商务、互联网金融、搜索引擎、即时通信和网络娱乐五大类。对居民消费与金融投资行为影响最大的互联网经济形式是电子商务与互联网金融。

一、互联网经济发展现状

（一）互联网普及率

互联网普及是互联网经济发展的基本前提，互联网上网人数的增加促使互联网与居民生产、生活的各个方面迅速融合，对居民的意识、行为产生影响。

只有互联网普及率足够高，居民的各种行为才可能在互联网经济下发生变化，该变化才会具有明显的宏观经济效应。由表3-1可知，中国的互联网上网人数增长迅速，从1997年的62万人增长至2018年的约8.29亿人，互联网接入端口数的增长速度也十分迅速，从2003年的1802.30万个增长至2018年的约8.86亿个。互联网普及率（互联网上网人数占总人口的比重）在1997年时仅为0.05%，到2006年突破10%，到2015年，互联网普及率突破50%，截止到2018年，互联网普及率已经达到59.186%。

表3-1 互联网普及状况

年份	互联网上网人数（万人）	互联网宽带接入端口（万个）	上网人数占总人数比例（%）
1997	62		0.050
1998	210		0.168
1999	890		0.708
2000	2250		1.775
2001	3370		2.641
2002	5910		4.601
2003	7950	1802.30	6.152
2004	9400	3578.10	7.231
2005	11100	4874.70	8.489
2006	13700	6486.40	10.422
2007	21000	8539.30	15.894
2008	29800	10890.40	22.439
2009	38400	13835.70	28.775
2010	45730	18781.10	34.104
2011	51310	23239.40	38.082
2012	56400	32108.45	41.653
2013	61758	35945.30	45.386
2014	64875	40546.13	47.429
2015	68826	57709.38	50.069
2016	73125	71276.90	52.885
2017	77198	77599.09	55.535
2018	82851	88573.11	59.186

资料来源：中国统计局网站。

在互联网经济的五种基本形态中,由于电子商务与互联网金融对居民消费与金融投资行为的影响最大,是本书研究的重点,因而着重分析这两个领域的发展现状。

(二) 电子商务

电子商务是指基于互联网开展的各类交易活动,经济合作与发展组织(OECD)将电子商务定义为发生在网络上的企业之间的交易、企业与消费者之间的交易,即B2B模式与B2C模式。电子商务实现了物流、资金流、信息流的三流合一。

1. 电子商务概况

20世纪90年代,互联网的商务性应用高涨,电子商务由于具有信息传递速度快、跨时空限制、操作便捷、交易成本低等优势而在全球步入了快速发展阶段。中国的电子商务市场起步于1999年易趣网、8848、阿里巴巴等标志性的电子商务平台成立,市场交易规模在2009年还只有3.7万亿元,随后步入高速发展阶段,2016年就已经达到22万亿元。从2009年到2016年,增长率都维持在20%以上,最高时达到36.57%(见图3-1)。

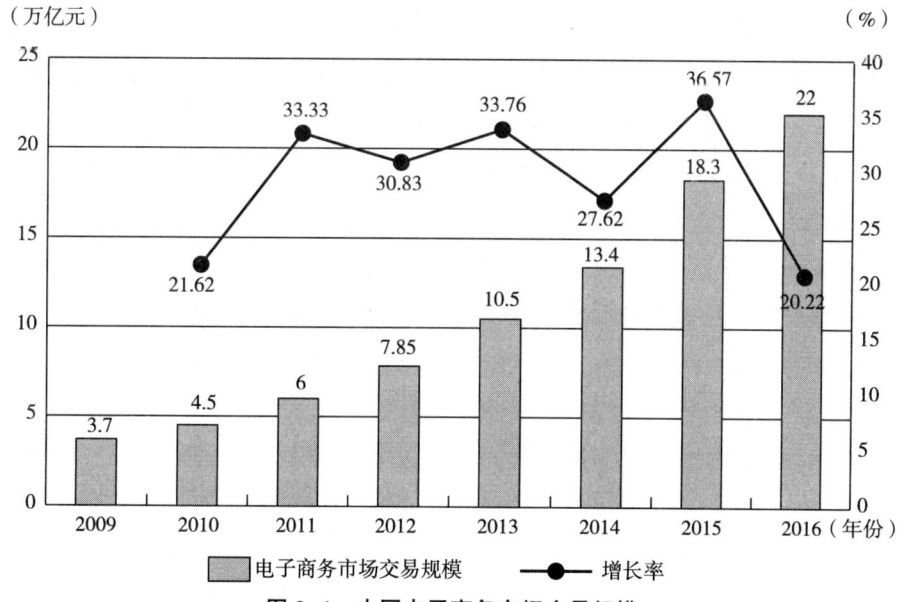

图3-1 中国电子商务市场交易规模

资料来源:中国电子商务研究中心。

2. 电子商务的优势

电子商务最突出的优势体现在低价格优势、低交易成本优势、信息传递高速度优势、跨时空限制优势、操作便捷优势等。

电子商务市场上商品的低价格优势是互联网经济下居民消费行为变化的重要原因。商品价格低得益于信息搜索成本、交易成本、库存成本、租金成本、流通成本、交通运输成本的降低。Bakos（2001）认为，网购能降低买卖双方的搜寻成本，这种成本的降低会使卖方产生激烈的价格竞争。随着搜寻成本的降低，交易效率得到大幅度提升，交易成本也降低。电子商务是基于互联网开展的交易活动，因而信息传递速度非常快，对信息的处理也十分及时有效。在此基础上，企业信息管理效率的提高减少生产厂家和销售方的库存，降低库存成本。在网络交易中，商家可以节约大量的实体店租金、相关的水电费和服务费等费用。网购是在虚拟购物空间里进行的，交易场所的改变使产品销售突破有限的物理空间，减少了多级批发、多层代理的现象，缩短中间环节，拉近生产厂商与消费者的距离，使买卖双方直接交易，从而降低中间环节的成本，降低商品流通的成本。

互联网突破时空限制的特点促使市场趋近于完全竞争，互联网平台上信息传输的高效率的提高加剧卖方竞争，降低价格是卖家的主要竞争方式，所以，互联网上销售的商品比线下销售的相对较低。此外，在电子商务平台上网购还具有操作便捷、可选择商品的种类多等优势。

(三) 互联网金融

1. 互联网金融概况

互联网金融产生于以银行为代表的正规金融对小微企业支持不足、民间金融风险频发、普通投资者投资渠道有限、银行存贷利差大的"金融压抑"背景下。狭义的互联网金融主要包括互联网支付、互联网理财、P2P借贷、众筹、互联网保险等模式。广义的互联网金融是指金融的互联网化，因而传统银行、保险、证券业务的互联网化都属于互联网金融的范围。在中国，互联网金融的发展可划分为四个阶段。第一阶段是2005年以前的传统金融互联网化阶段，第二阶段是2005~2012年的第三方支付快速发展阶段，第三阶段是2012~2013年的"爆发式"发展阶段，余额宝与P2P网贷的快速发展推动2013年中国互联金融进入全面快速发展时期，被称为"互联网金融元年"，

2013年以后的第四阶段是互联网全面发展且不断规范化的阶段。中国互联网金融规模的基本情况如表3-2所示。

表3-2 中国互联网金融规模基本情况

单位：亿元

时间	余额宝规模	互联网基金	互联网保险收入	P2P贷款	互联网消费金融	众筹
2009年12月				1.50		
2010年12月				13.70		
2011年12月			31.99	84.20	6.80	
2012年12月		13712.00	106.24	228.60	18.60	0.7
2013年12月	1853.42	22493.90	291.15	975.50	60.00	2.0
2014年6月	5741.60		318.00			
2014年12月	5789.36	61947.40	858.90	2514.70	183.20	4.4
2015年6月	6133.80		816.00			
2015年12月	6206.90	112000.00	2233.96	8755.90	2356.40	28.8
2016年6月	8163.12		1431.10			
2016年12月	8082.94	133000.00	2299.00	14955.10	8695.10	47.4
2017年6月	14318.05		1346.00			
2017年12月	15798.32		1835.30	23240.30	43847.30	

注：余额宝规模与互联网保险收入是当季值，P2P贷款规模、互联网基金规模与互联网消费金融为年度值。

资料来源：Wind资讯与艾瑞咨询。

（1）余额宝本质是一种在互联网上销售的货币市场基金。余额宝的上线是2013年互联网金融元年的一个重大标志。余额宝是由第三方支付平台支付宝与天弘基金管理公司共同推出的货币市场基金，可以随时将资金转入转出并每日获取基金的投资收益。余额宝账户的资金与支付宝账户里的余额在消费时可发挥的作用是一样的，并且能够实现"T+0"实时赎回。余额宝自推出以来就受到普通投资者的青睐，余额宝规模快速增长，在2013年底是1853.42亿元，到2017年底规模发展为15798.32亿元。

（2）互联网支付是随着电子商务发展起来的，在互联网支付的基础上，以余额宝为代表的互联网理财迅速发展起来。本书中的互联网支付包括了PC

端与移动端的支付。第三方互联网支付的典型代表是阿里巴巴集团的支付宝与腾讯的微信支付。支付宝公司作为中国最大的第三方互联网支付于 2004 年建立，随着电子商务的普及迅速发展起来。微信支付于 2013 年推出，发展时间相对较短。如图 3-2 所示，2007 年第一季度，中国的第三方互联网支付交易规模是 160 亿元，之后便迅速发展起来，到 2017 年第四季度，中国的第三方互联网支付规模达 71000 亿元。

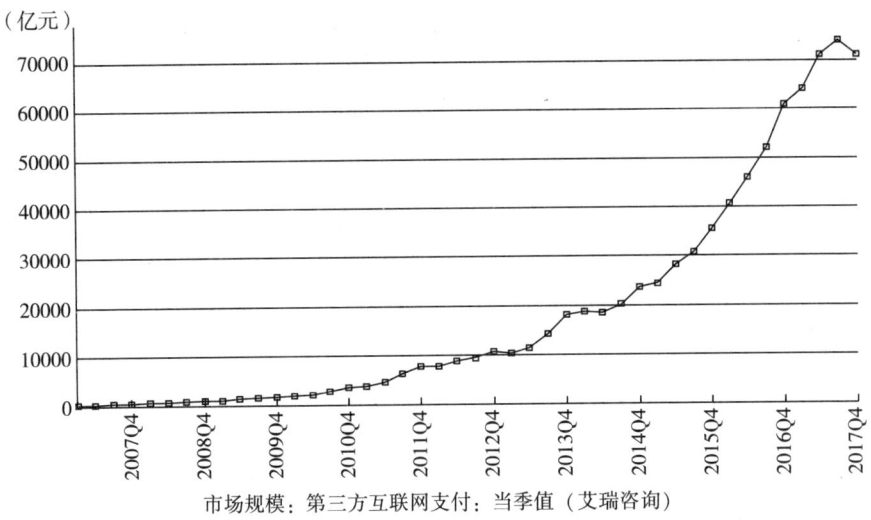

市场规模：第三方互联网支付：当季值（艾瑞咨询）

图 3-2　2007 年第一季度到 2017 年第四季度互联网支付规模

资料来源：Wind 资讯。

（3）互联网保险是指依托互联网进行的保险信息咨询、投保、交费、承保、理赔等一系列保险业务，是保险公司或新型第三方保险网以互联网和电子商务技术为工具提供的保险服务，包括传统保险业务的互联网化以及原生的互联网保险业务。在互联网经济的高速发展阶段，互联网保险也步入飞速发展阶段，从互联网保险收入看，2011 年 12 月还只有 31.99 亿元，2016 年 12 月达到 2299.00 亿元。

（4）P2P 网络借贷是资金供求双方在互联网借贷平台上实现个人与个人，或个人与企业的资金借贷过程。P2P 网络借贷的核心理念是借助互联网技术实现资金的快速流通，实现了借贷过程的"金融脱媒"。P2P 在经历了 2013 年的"井喷式"发展及野蛮生长后,随着监管政策的不断出台与完善,发展步入正轨,但依然保持着较高的增速。

(5) 互联网消费金融是指运用互联网以及相关技术提供消费金融产品与服务的模式。包括原生态的互联网消费金融以及商业银行与消费金融公司提供的消费金融产品的互联网化。互联网消费金融的规模在2011年12月仅为6.8亿元,在2017年12月达到43847.3亿元。

(6) 众筹是指企业或个人作为项目发起人借助互联网众筹平台发布融资申请,并承诺在项目成功后向投资者提供产品或服务、债权、股权等回报的一种融资模式。众筹在中国虽然发展迅速,但发展规模还较小。

(7) 2005年以前,互联网金融主要体现的是传统金融的互联网化,主要是网上银行业务。1998年招商银行率先开通网上银行,中国商业银行陆续开通网上银行业务,随着互联网技术的普及应用,网上银行业务也呈现飞速发展的趋势,如图3-3所示,2003年及之前,中国网上银行业务规模还比较小,发展到2016年已经达到约2400万亿元。除了网上银行业务,传统金融的互联网化还包括了证券业、保险业及其他金融业务的互联网化。

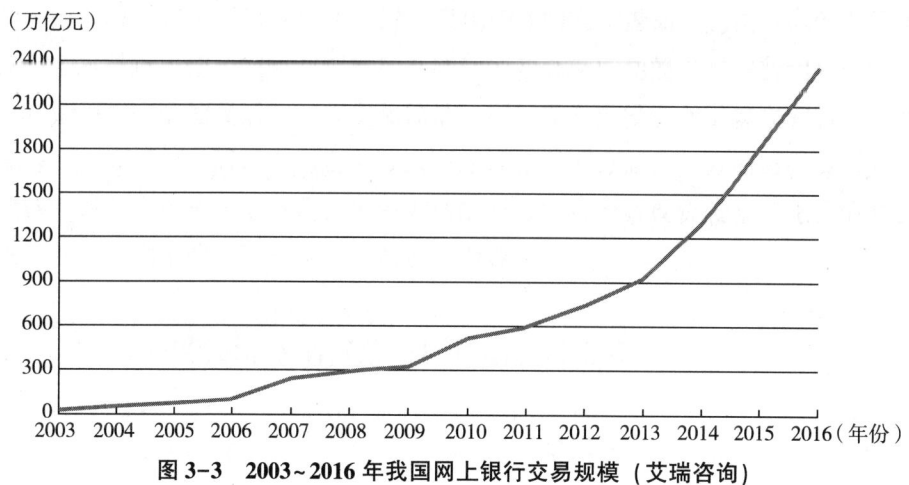

图3-3 2003~2016年我国网上银行交易规模(艾瑞咨询)

资料来源:Wind资讯。

2. 互联网金融的优势

互联网支付、余额宝等互联网理财产品、P2P网贷、网上银行都具有成本优势和渠道优势。一方面使居民的金融投资更加低门槛、更加便利和高效；另一方面拓宽了居民金融投资的渠道。

互联网金融的低成本优势表现在互联网企业及金融机构扩展互联网业务的成本低，以及居民购买金融资产、获取金融服务的成本低。首先，互联网金融利用信息技术在虚拟空间开展金融服务活动，不需要大量的物理网点和服务人员，节省了大量的物理网点费用与人力资源费用，拓展业务的边际成本非常小，甚至为0，降低了经营成本。其次，互联网平台提供了资金供需双方直接对接的场所，绕过了传统金融机构作为中介的连接，缩减了中间环节，降低交易成本。最后，互联网金融有助于缓解信息不对称问题，交易双方利用互联网对信息的收集和处理能力进行判断和交易，降低信息获取和处理的成本，降低交易双方的交易成本。

渠道优势则表现在居民通过互联网渠道来实现金融投资，首先，利用互联网这一渠道进行投资具有操作便捷、门槛低等优势；其次，增加了各种可投资的金融产品。互联网金融投资不受限于时间、空间，而且投资额灵活，普通居民能够十分便捷地将闲置资金用于投资。

二、互联网经济特征

互联网经济是基于互联网与计算机上的经济形态，具有强大的信息收集和信息处理功能，体现出虚拟性、突破时空限制、突破时间限制、直接性、便捷性、个性化、开放性等特征。

（一）互联网经济的虚拟性

互联网经济中的经济活动是以由互联网构建的虚拟空间为核心的。互联网的虚拟性是相对于物理空间的实体性而言，互联网的虚拟性决定了由互联网所构建的市场与相关经济活动也具有虚拟性。不同区域的人被互联网连接成一个看不见的巨型市场，数据和信息在虚拟市场上的传递成为经济活动的主要构成部分。互联网经济的虚拟性一方面有助于经济活动突破时空的限制、提高经济活动的效率；另一方面带来一些负面影响，比如由于虚拟性便利了信息的伪装，对核查信息难以做到全面准确而导致的虚假借款和非法集资，又比如互联网经济增强投机行为对经济产生的影响，从而使经济主体面临的风险也加深。

（二）互联网经济突破空间限制

互联网的强大连接性使经济活动突破了空间限制，经济活动的地区和国际界限越来越不清晰。互联网对信息的容纳和处理能力可以将各个地区或国家中的经济活动涵盖。经济活动的物理距离被打破，一国内的各个地区经济趋向一体化；各个国家的经济依存度加强，经济趋向全球化。通过互联网的连接，地理距离对于经济活动的影响变得越来越不重要，各个区域的经济系统被紧密地联系在一起，区域之间、国家之间的经济界限逐渐模糊，商品与资金在各个区域及国家之间流动。

（三）互联网经济突破时间限制

互联网空间是虚拟化的空间，互联网及相关服务器一天 24 小时运作。经济主体的经济活动表现为人与计算机的活动，甚至是计算机与计算机之间的活动。经济活动几乎可以在一天的任何时间进行，突破了时间的限制，而时间限制的突破有利于克服由时差造成的国际间经济活动障碍。虽然突破时间限制的经济活动有时也会存在时滞，即一方先下单、待另一方工作时交易活动才正式得以完成，但总体来说比传统经济下的活动在时间上要自由灵活得多。互联网经济下的信息传递也克服了时间上的约束，远距离的信息传递可以在瞬间完成。

（四）互联网经济的直接性

在互联网经济中，生产者与消费者、资金供给者与资金需求者能够直接沟通、在互联网上获取对方的相关信息，缩短了中间的搜寻和分销等环节。企业的生产经营活动直接化，可直接面对消费者，为直销模式提供便利，如中国的小米手机模式。通过互联网，生产者能够直接了解消费者的需求，收集消费者关于产品的信息反馈，缩短供需双方匹配的时间和成本，提高供需双方的匹配度。生产者与消费者之间的直接沟通，资金供给方与需求方直接对接，形成建立在互联网之上的直接经济。

（五）互联网经济是快捷、便捷式经济

首先，互联网传递信息、处理信息的速度和容量十分巨大。在全球任何一个地方，只要有互联网连接，就能在极短的时间内实现信息互通，几乎能以实时的速度对信息传递和处理。其次，在互联网上进行交易也十分便捷，只需要一台终端（电脑或智能手机）和互联网，借助相关的交易平台就可以在任何时间、任何地点实现消费和金融资产投资等经济活动。

（六）互联网经济是个性化经济

在互联网强大的信息处理能力基础上，互联网经济呈现出个性化经济的特征。在传统经济下，个性化需求得到满足需要高昂的成本。而在互联网经济下，不仅具有个性化需求的消费者在互联网的帮助下能够找到所需的商品，并且需求方和供给方的沟通直接化，个性化需求被收集汇总起来，从而供给方可进行规模化生产，降低满足个性化需求的成本。互联网高效、实时、便利等特点促进技术、观念、商品不断创新，推动新需求的产生，满足个性化需求，同时，个性化需求又不断地促进创新。

（七）互联网经济是开放性经济

由于互联网是一个开放系统，没有地区和国家的限制，任何主体不分民族、种族，不分职业和社会地位在基础条件满足的情况下都可以连上互联网，享受互联网上的各种信息资源，并将自己拥有的信息分享到互联网上。而互联网经济是基于互联网上的各种经济活动的总称，因而互联网经济也表现出开放性特征。

第二节　居民消费与金融投资行为的外部环境分析

影响居民消费及金融投资行为的外部环境因素一般包括是否具有选择自由、是否存在未来不确定性、市场价格是否反映供求变化、是否存在预算约束和流动性约束、是否存在无风险套利机会。以上几个影响居民消费与金融投资行为的外部环境因素，在互联网经济下都发生了改变。

一、消费与金融投资的选择范围扩大

居民消费与金融投资选择范围扩大指的是居民在消费中受到的地域限制、商品限额与短缺的影响降低，能够自由地选择和购买所需的商品、劳务；在金融投资过程中能够根据自身的风险偏好、流动性需求自由地选择市场上对应的金融资产，突破地理位置等限制，不受产品数量和种类的约束。当居民的消费与金融投资行为选择范围扩大，可以自由地做出选择时，居民消费与金融投资行为之间的相互影响关系才更加符合经济学中的分析。

在互联网经济中，居民的消费选择范围和金融投资选择范围扩大。消费选择几乎具有完全的自由，居民关于商品的数量、质量及消费方式的选择增加。在金融资产选择上也能突破诸多限制，对不同风险与收益的金融资产数量和种类的选择，以及金融投资方式的选择增加。互联网的发展打破了市场的区域边界与时间限制，各个地区甚至各个国家之间的经济活动受到的交易摩擦显著减小。电子商务的发展使居民不再受限于物理商店所销售的商品，非常方便及低成本地购买到其他地区和国家的商品。近年来中国互联网金融成长迅速，不仅自身的发展丰富了居民可选择的金融资产，还通过倒逼机制迫使传统金融创新。大量的互联网金融产品出现，它们以门槛低、收益高等特点激发了居民的投资热情。这些互联网金融产品拓宽了居民金融产品选择的范围。使可供居民选择的金融投资品种除了银行存款、债券、股票、基金等，还包括了互联网金融产品，比如余额宝类货币市场基金、众筹以及P2P理财等金融投资品。互联网金融具有的长尾市场特性进一步增加了金融的普惠性和产品的多样性，使各个收入层次的居民都能够接触到金融产品，居民选择的范围和层次性增加。居民几乎可以随时随地能够在互联网上找到自己所需要的金融产品。

二、未来不确定性变化

未来不确定性通过增加居民的风险意识以及预期难度来影响消费行为与金融投资行为。不确定性是指事物的发展可能出现一种以上的情况，并且不能确定哪一种情况最终会出现。经济活动中充满了大量的不确定性，居民的收入、商品的价格等都存在不确定性。居民作为消费者在市场上是否能购买到合格的产品也是一种不确定性。由奈特对不确定性的分析可知，不确定性的存在首先与信息的不完全有关。互联网经济的发展一方面有利于降低居民对未来支出的不确定性，另一方面又通过日新月异的变化来增加未来的不确定性。

互联网经济通过增加信息完全度、透明度，以及借助互联网保险的迅速普及和多样化的金融选择等方式实现风险规避，降低居民对未来的不确定性。当面对未来不确定性时，居民的预防性储蓄动机增强，会减少当期消费以备未来不时之需。当觉得难以应对未来不确定性时，居民不仅储蓄增加，而且主要以安全性金融资产的形式持有。互联网时代大幅提高了信息的传播速度、传播范围以及信息的传播量，居民消费与金融投资等行为的信息化程度提高、信息不对称程度降低。互联网保险实现了保险业务的便捷化、普及化，并且出现了形形色色的个性化互联网保险，具有保障性的功能，对降低居民的未来不确定性、弱化预算约束、降低预防性约束具有积极作用。互联网上多样化的金融资产选择有助于居民根据自身需要实现风险规避，降低未来的不确定性。

但互联网经济日新月异的变化以及互联网特性又增加了未来的不确定性。互联网经济的发展使基于互联网上的创新加速，对人们生产生活的影响也加速。居民难以预期未来的经济形式，对未来的不确定性增加。此外，互联网经济具有虚拟性，一方面，在互联网经济活动中，交易不需要面对面地进行，给人一种心理上的不确定性；另一方面，互联网经济的风险也更加复杂、多变，不确定性增加。

为了应对这些不确定性，居民会储备更多的资金，这在一定程度上抑制消费的增加，而使金融投资快速增长。但是互联网金融的发展为居民提供了更多的金融支持，使居民在面对买房、购买耐用品大件商品等支出时，除了可依赖自身前期的储蓄外，还可以借助互联网消费金融、银行信贷将未来的收入提前使用，降低未来支出的不确定性。

三、价格弹性增加

价格充分弹性是指在完全竞争的市场上，商品价格具有完全的弹性，使市场出清。价格根据需求的变化表现出完全的伸缩性，对经济的均衡具有调节作用。价格弹性越大，则商品价格变化所引起的购买量变动越大。价格充分弹性需要建立在价格市场化的基础上。价格市场化是指商品价格随着市场供给与需求的情况而定，供大于求时，商品价格下降；供小于求时，商品价格上涨，同时商品价格的变化会引起居民购买量的变化。价格充分弹性使得价格机制有效地发挥对居民消费与金融投资行为的调节作用，当某种商品或金融产品价格上涨时，居民会调节自身的需求，降低高价格商品的消费或增加高收益金融资产的投资量。

互联网经济中的信息传递效率极高，市场竞争加剧，市场供求状况能够得到及时有效的反应，商品的价格弹性也就较充分。在市场化方面，互联网经济促进了各种信息的高效传递，加速了中国的市场化程度，市场发挥对资源的配置功能，居民根据市场上的信号（特别是价格信号）做出消费和金融投资的决策，在一定的预算约束下自由地进行消费行为和金融投资行为。在进入互联网经济时代以前，信息获取和传递的成本很高、时滞性长，并且在信息传递的过程中会出现信息失真，市场竞争程度、价格的调节机制都难以有效地发挥作用。进入互联网经济时代后，信息环境得到了改善，信息获取和传递的成本降低、传递效率大幅增加，价格弹性增加。

四、预算约束和流动性约束弱化

预算约束是指居民的消费行为和金融投资行为受到的自身收入限制。消费行为与金融投资行为之间存在跨时替代关系，当居民可通过借贷来满足当期消费需求，并通过未来收入来偿还时，预算约束即为跨时预算约束。而跨时预算约束是以不存在流动性约束为前提的，在没有流动性约束的情况下，居民可以通过消费信贷等方式实现一生不同时期的消费平滑。

互联网消费金融支持居民当期的消费，特别是大额消费，弱化流动性约束和预算约束、实现预算平滑，并降低居民为将来特定支出而储蓄的压力。消费金融泛指与消费相关的所有金融活动，狭义的消费金融是指与短期消费相关的融资（王江等，2010）。在互联网经济下发展起来的互联网消费金融是指借助互联网向居民提供的与消费相关的金融服务，包括支付、理财、信贷和风险管理等。到目前为止，原生态的互联网消费金融可以分为三类：第一类是在电商平台上发展起来的消费金融，即电商互联网消费金融，例如蚂蚁金融、京东金融。第二类是信贷互联网消费金融，可细分为专门的分期购物互联网金融平台，例如分期乐、趣分乐，以及以拉卡拉"替你还"为代表的移动端信贷平台。第三类是P2P类的消费金融。银行消费金融服务的互联网化属于广义的互联网消费金融，也是现阶段占比最大的互联网消费金融形式。

（一）缓解预算约束

互联网经济通过降低商品价格、减少经济活动的交易成本和搜索成本等途径缓解居民的预算约束。在互联网经济环境中，供货企业在信息传输率高、市场竞争激烈的环境下，提升产品优势的主要方式之一就是打"价格战"。并且，线上销售的产品通过节约分销成本以及实体店的租金、管理等成本，进一步扩大降价空间。由于信息搜索方式的改变，消费者更容易获得商品的相关信息而不受物理距离的限制，搜索成本降低。所以，互联网上销售的商品比线下销售的要相对便宜，居民购买成本较低，能缓解居民的预算约束，促进居民消费能力的释放。

互联网金融投资中的低门槛、高收益特征以及消费金融的可获得性提高也进一步弱化预算约束。互联网平台为消费者提供消费信贷，比如阿里巴巴的蚂蚁花呗、京东商城的京东白条，不需要复杂的程序即可信贷消费。在互联网经济下，居民可在互联网上较便利地办理信用卡。在传统经济环境下与互联网经济下的居民预算约束变化如图3-4所示。

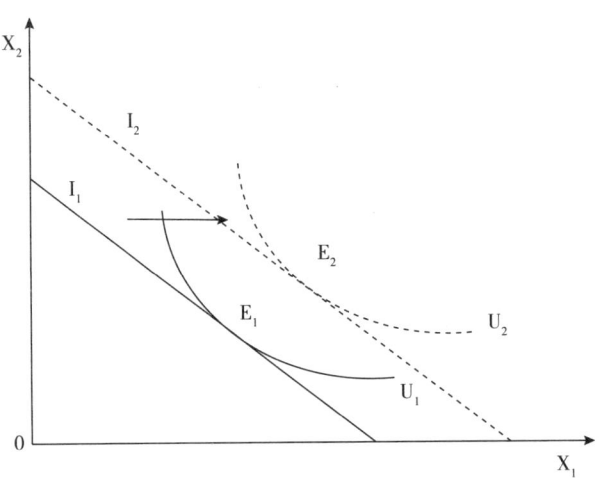

图3-4 互联网经济下预算约束弱化

如图3-4所示，I_1表示传统经济环境下的预算约束，I_2表示在互联网经济下的预算约束。在互联网经济下，由于商品价格降低、消费金融可得性提高，居民的预算约束弱化，居民在商品消费、金融投资上都具有更大的自由，实现更高水平的效用（效用水平由U_1增至U_2）。

在跨期消费理论下，居民的消费投资决策是基于一个较长的时期来实现效用最大化的。互联网消费金融的易得性和便利性对居民非耐用品消费和服务的预算弱化作用最为直接，缓解大额支出（如教育、住房、医疗、耐用品）后的非耐用品消费压力。消费金融也使居民的大额消费需求较容易满足。随着消费金融及互联网支付的信息化、数字化，居民的心理账户作用促进消费增加，并降低居民为将来特定支出而储蓄的压力、降低居民收支的不确定性，减少预防性储蓄。

（二）弱化流动性约束

互联网金融的发展弱化居民的流动性约束。流动性约束是指居民从金融机构、非金融机构以及其他个人获得贷款以满足自身消费需求时受到的约束。当存在流动性约束时，居民的消费严重受限于当期收入，消费水平较低。不完善的信贷市场导致居民难以低成本地借贷，居民对未来的预期收入波动敏感性较高，为保障未来的消费，在当期消费就会持谨慎态度，减少当期消费、进行流动性约束储蓄。随着互联网经济的快速发展，在几乎每一个消费领域，例如购物、租房、教育、旅游等，都催生出了大量的互联网消费金融业务，互联网消费金融发展势头非常迅猛（见图3-5），居民在消费时可便捷、低成本地获得消费信贷，缓解居民的流动性约束。

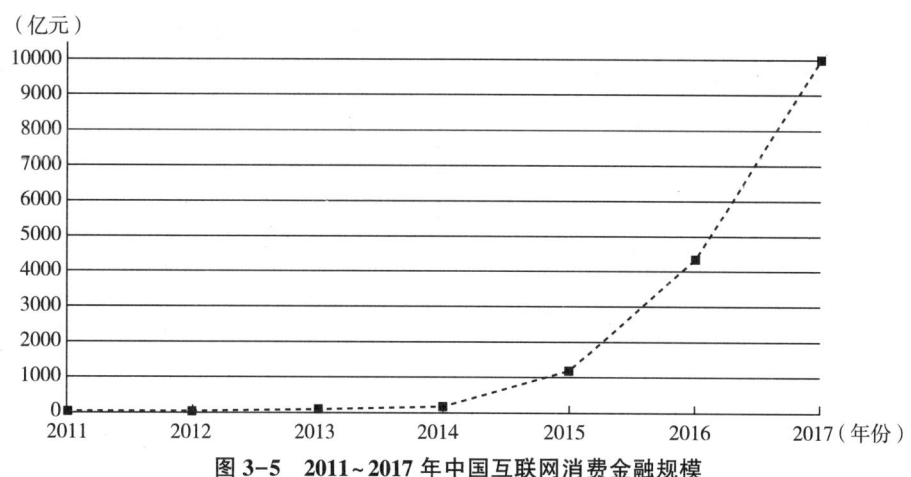

图3-5　2011~2017年中国互联网消费金融规模

资料来源：Wind 资讯。

五、存在无风险套利机会

金融套利行为是指投资者利用金融市场运行中产生的不均衡发展状态或异

常状况来获取利益的行为。计算机和互联网的发展为经济活动提供了更多的便利，也为金融套利行为创造了更多条件和机会。借助于互联网，投资者可以快速、准确地获取金融市场上的信息，利用计算机便捷、快速地分析信息，发现市场上存在的套利机会，进而以十分短的时滞抓住金融套利机会、实施金融套利行为。金融市场的不均衡状态是套利行为产生的主要因素，投资者通过识别金融市场上的不均衡状态，利用这种不均衡来配置资金、获取收益。金融市场上可交易的产品种类、数量越多时，影响市场均衡状态的因素也不断增多，就可能存在更多的金融套利机会。一个自由发展的金融市场，是套利行为的必要前提条件。

互联网金融的发展，不仅丰富了金融市场上的产品、提高了金融自由度，为套利行为提供了诸多潜在机会，并且，还存在非常明显的无风险套利机会，相同期限的互联网金融理财产品与银行存款之间的无风险套利机会非常明显。以余额宝为例，其收益是货币市场基金的收益，并且还略高于传统货币市场基金的收益。余额宝于2013年6月推出，年化收益在经历了最初的6%以上后，即使不断波动下降，基本稳定在2%~3%（见图3-6），也远远高于银行的活期存款利率。相同期限与风险的银行活期存款利率仅为0.35%。

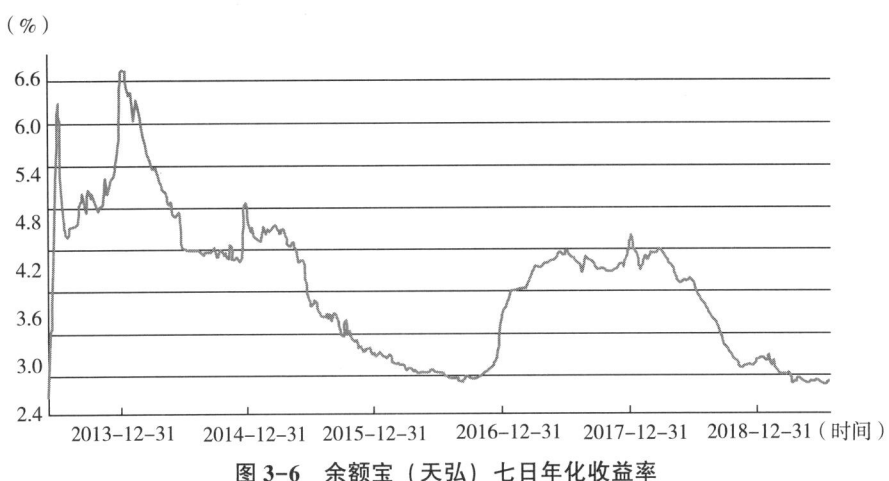

图3-6 余额宝（天弘）七日年化收益率

资料来源：Wind资讯。

在存在无风险套利机会时，理性的居民会调整金融投资行为，增加高收益

第三章 互联网经济对居民消费与金融投资行为环境的影响

资产的投资,即增加互联网金融理财产品的投资份额。而互联网金融的低交易成本、操作便捷性使居民可以将小额资金在银行存款与余额宝类货币基金之间进行跨市场套利。

第三节 居民消费与金融投资行为的内部环境分析

居民消费与金融投资行为的内部影响因素主要包括居民的消费与投资意识、居民的理性程度、流动性偏好,以及对跨时效用最大化的追求。与传统经济相比,互联网经济下居民消费与金融投资行为的内部影响因素有了显著的变化。

一、消费与投资意识增强

互联网经济中,居民消费与投资意识增强主要体现在两个方面:居民消费储蓄观念的变化以及居民金融投资意识提高。首先,居民消费储蓄观念发生改变。长期以来,受经济发展情况以及传统文化的影响,中国居民形成了很强的储蓄观念,平时省吃俭用下来的钱用于未来的购房、教育、养老等支出。在互联网经济下,借助于互联网购物的低价格、便捷性、选择多样化以及互联网金融的支撑,居民的消费观念发生了改变,逐渐由勤俭节约的消费观念转变为重发展、重享受的消费观念,由量入为出的观念逐渐转变为超前消费的观念。由于互联网金融具有普惠性,居民对金融的接触大幅增加,消费投资观念发生改变,在之前只能称为消费储蓄的观念,现在可称为消费投资观念,即更加注重将储蓄配置到多样化的金融资产中,以获取投资收益或者是金融保障。

其次,居民金融投资意识提高。在之前的很长一段时间内,中国金融市场一直不太发达,普通居民的金融投资意识不足,居民基本上都以银行存款的形式持有金融资产,金融投资结构非常单一。在互联网经济下,信息高速传播、互联网金融投资的交易成本大幅下降,居民接触到的金融知识与金融产品信息大幅增多。居民不仅可以通过各种终端了解金融产品的本质、收益、购买情况等信息,还能通过互联网十分便捷地实现交易,从而具有更加积极主动的金融投资意识。互联网金融投资的低门槛、高收益、购买流程便捷化等特征不断地激发居民潜在的金融投资需求,之前未真正接触过金融投资的居民的金融投资意识得到增强。随着互联网理财产品的普及,居民金融投资行为由单纯储蓄向投资理财转变,体现了居民金融投资意识的提高。

二、理性化程度变化

居民作为经济主体是理性的。理性是指在经济活动中经济主体以追求效用或利益最大化为基本动机,在消费过程中希望以最低的成本购买到质量好的商品;在金融投资中希望根据自身的流动性需要、安全需要以及对最大化收益的追求来合理配置金融资产,在存在无风险套利机会时进行套利以实现自身利益的最大化。居民经济行为的理性程度同样也取决于内外因素的影响。首先,居民的理性程度与居民自身的认知能力、知识水平、个人的历史经验息息相关;其次,居民经济行为的理性也受到外部市场环境、社交环境的影响。因而居民经济行为的理性一般是有限理性,居民根据自身的能力、掌握的有限信息以及外部约束来作出有限理性的行为决策。

信息环境越完善、信息越充分、越准确,越有助于居民"理性"的实现。互联网的发展从获取信息的渠道便捷化、信息丰富化等方面大力促进了居民经济活动的信息环境改善。首先,信息的来源(特别是年轻人的信息来源)基本上都是互联网,采用微信、百度等互联网模式,获取信息的渠道便捷化。居民通过微信、QQ等通信软件、电子邮件以及其他的互联网平台可与全世界的人交流,分享经验、求解疑问,可了解到宏观经济信息、其他行为者的信息以及自己的经济行为交易记录等信息,居民掌握的信息越来越充分,市场就越向完全信息市场趋近。随着完全信息市场的不断趋近,信息不对称情况得以改善,居民经济行为逐渐趋于理性人假设。在互联网环境下,居民能够以较低的成本在非常短的时间内获得比较充分的信息,做出理性的消费—金融投资行为选择。

在互联网经济下,由于信息传递效率的提高、信息透明度的提升以及专业辅助的普遍化,信息不断多元化。居民只需要使用电脑、智能手机等终端通过互联网就可获得大量的信息,信息获取的主动权基本掌握在信息需求方手中。居民在做出任何决策,如消费、金融资产投资、出行等都对信息的依赖程度不断增加,借助于互联网来获取有效的信息有助于居民理性化程度增加,从而提高决策的合理性和判断的准确度。居民消费行为被互联网所记录,消费体验、消费评价都可以在互联网上反馈,并且一些软件可针对每位消费者的浏览记录、购物记录来推送符合其需求特征的商品。互联网经济活动的频繁进行,还催生了一些专业的机构为居民的消费行为、金融投资行为提供专业的指导。

虽然在理论上,借助于互联网强大的信息搜索和信息处理能力,居民能够在拥有足够信息的情况下做出理性的消费行为与金融投资行为,把握好消费与金融投资的力度,但互联网上的信息太多,要做到对信息有效、完全地处理同样是耗时的,且是难以达到的。因而,居民的消费与金融投资行为并不总是理性的,有时也是凭感觉的,出现非理性消费、非理性投资的情况,例如从众行为、冲动消费行为。

三、流动性偏好弱化

流动性偏好是指由于货币具有最强流动性、在使用时灵活方便,因而人们具有愿意持有货币而牺牲利息收入的心理倾向。放弃持有货币则要以利息的形式来获得补偿。

互联网经济的发展使居民的流动性偏好弱化。流动性偏好弱化的主要表现是现金的持有量下降,持有现金主要是因为现金是流动性最强的金融资产,是在交易活动中最常用的媒介。在传统经济环境下,居民购买商品和服务需要现金来执行流通手段和支付手段。但随着互联网金融的发展,金融创新产品的出现,银行卡、支付宝等新型支付方式开始普遍。特别是具有快速便捷、低成本甚至无成本等优势的互联网第三方支付迅速抢占了现金在经济活动中的流通手段与支付手段地位。

并且,在第三方支付基础上发展起来的互联网理财产品的特性是流动性高且收益率高,但交易成本低,投资于互联网金融产品既能获得较高收益又不会丧失太多的流动性。支付余额与互联网理财产品的无缝转化使居民在享受理财产品收益的同时又不丧失货币满足流动性需求的功能,因而居民手中持有的现金数量呈极速下降趋势，其他具有利息收入和投资收益的金融投资比重增加，流动性偏好弱化。

随着居民的流动性偏好弱化，流通中现金占 GDP 的比重下降，如图 3-7 所示，自 1992 年至 2018 年，流通中现金与 GDP 之比在 1993 年最高，为 16.4%，1999 年之后呈快速下滑趋势（中国的互联网经济基本起步于 1999 年），在 2013 年及之后，流通中的现金（M0）与 GDP 之比已经不足 10%。

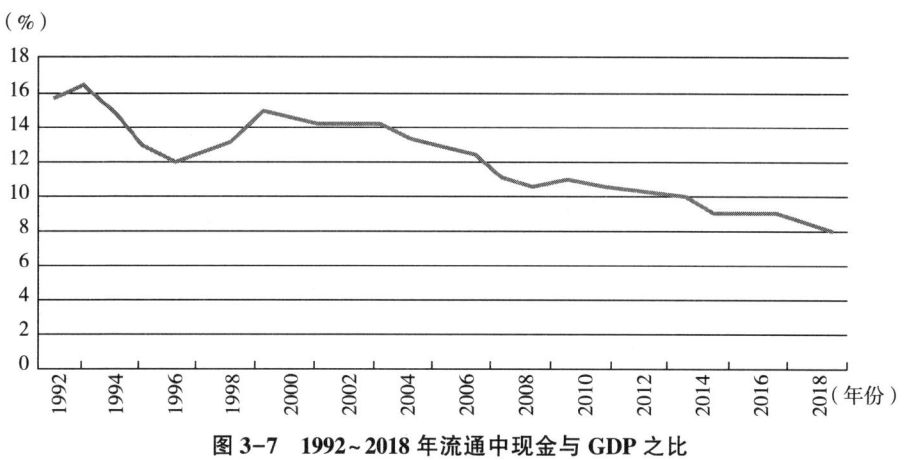

图 3-7　1992~2018 年流通中现金与 GDP 之比

四、追求跨时效用最大化

在一定的预算约束下追求效用最大化是居民消费与金融投资行为的最终目标。在互联网经济下，居民同样是理性的，具有时间偏好、风险规避的特征，并在一定的预算约束下追求自身效用最大化。在金融可得性增加的支持下，居民对效用最大化的追求体现为对跨时效用最大化的追求。

从对现期效用最大化的追求来看，互联网经济有利于居民效用增加。商品种类越多、价格越低，对于追求效用最大化的消费者越有利。互联网具有的打破时空限制、商品范围大幅增加、价格降低等优势，使消费者更容易接触到传统消费模式下难以接触到的商品，从而消费者增加购买，即使在不变的预算约束下消费者的总效用也会增加。更不用说商品的低价格优势还能改善消费者的预算约束情况，产生收入效应。而互联网金融的发展则促进居民的追求从现期效用最大化向跨时效用最大化转变。

居民金融资产数量的迅速增加是追求现期效用最大化向追求跨时效用最大化转变的基本前提（臧旭恒，1995）。在互联网经济中，居民不仅金融资产的数量、种类增加，还可通过互联网消费金融将未来的收入贴现到现期使用。实现了收入的单向到双向转移，为居民追求跨时效用最大化提供条件。此外，居民消费与金融投资行为的外部约束环境发生变化，例如选择范围的扩大、预算约束和流动性约束的弱化以及对未来不确定性的保障增强等都为居民跨期效用最大化的行为目标实现奠定基础。

第四章 互联网经济下的居民消费行为

第一节 居民消费行为概况

一、居民消费行为演变的逻辑

居民在一定的预算约束下为了满足生理、安全、归属和爱、尊重以及自我实现等需求,依据效用最大化原则进行消费行为。居民对单一商品的消费遵循边际消费效用递减规律,即随着在某一种商品上的消费增加,每增加一个单位该商品所带来的效用是递减的。

(一) 居民消费行为演变的一般逻辑

居民消费行为受到内部和外部多方面因素的影响。首先,居民消费行为是由居民作为消费者内在的需求动机所引发的,这种需求动机既可以是自发需求也可以是外部环境引发的潜在需求。其次,这种内在需求要转化为购买行为,还受到居民个人及家庭特征的影响。不同的收入水平、资产存量、年龄、性别、受教育程度、家庭构成情况、个人偏好等都能影响到消费决策及行为。最后,消费行为的实施受到外部环境的影响很大,主要包括了市场环境与社交环境。在市场环境中,居民消费行为受到市场上提供的商品种类、品质、价格、企业信誉、产品的营销状况、购买是否便利等因素的影响。这些因素无论是在传统经济环境下还是在互联网经济环境中，都是影响居民消费行为的重要因素。在社交环境中，居民的消费行为受到自己社交信息的影响，社交圈是作出购买决策过程中的主要信息来源，同一个社交圈中的消费行为具有相似性，容易产生从众行为。同时，一些社会舆论也能够影响到居民的消费行为。

居民消费行为的影响因素自身是动态发展的，居民消费行为也具有动态发展性。居民消费行为具有动态发展性是指居民的消费随着社会生产力水平、科技进步、自身收入水平的提高而不断地变化，消费观念、消费水平、消费对象、消费结构都在变化。

(二) 互联网经济下居民消费行为演变的逻辑

互联网经济加速了居民消费行为的动态发展性。互联网对居民各个方面的高速渗透使消费行为的动态发展性更加明显，通过增加消费对象、扩大消费选择范围，进而促进居民消费结构的调整和消费水平的变化。在互联网经济下的居民消费由于可选商品种类及质量增加，即使在不变的预算约束下消费者消费多样化使总效用增加，并且低交易成本和商品低价格能够改善消费者的预算约束情况，消费总量增加；此外，不受时空限制的便捷交易方式以及极易受环境影响的从众消费心理都可能会使居民增加消费支出、调整消费结构。在互联网经济下消费示范作用更容易体现，居民之间的相互影响更是加速了居民消费行为的动态发展，增加了整体消费的波动性。互联网经济下居民消费行为变化得益于消费行为的影响因素发生了非常大的变化。

(1) 低交易成本和低价格。在一定的预算约束下，居民希望花更少的钱实现较高质量的消费，从而追求自己的效用最大化。互联网交易平台上的商品就具有低交易成本与低价格的优势。首先，由于互联网交易平台简化了信息搜索流程，使商品更易被货比多家，居民的网络消费比实体店消费更容易获得相关商品的信息，能够在较短的时间内对商品的价格、品质等方面做出对比和衡量，而不必在多个物理商店来回奔跑，大幅降低了信息搜索成本和时间成本。其次，与网络消费紧密相关的物流快递业以其高速及规模化的运作为商品的低成本高效率传输提供保障，降低交易成本、提高交易效率。最后，互联网交易平台及相关软件具有的记录功能将居民消费习惯、偏好等信息进行收集、汇总，为其进行同类商品的推送，使居民能以较低的成本、在较短的时间内购买到商品；为居民的个性化需求与企业的生产决策提供一个有效的对接平台，降低信息收集成本、提高供需的匹配效率以及需求向生产转换的效率。所以，在互联网经济下的低交易成本以及价格优势下，居民的消费行为会发生变化，倾向于增加消费总量和调整消费结构。

（2）消费突破时空限制。首先，互联网经济具有虚拟性，主要表现就是交易场所的虚拟化，交易场所的改变使商品销售突破有限的物理空间，生产者与消费者之间的距离显著缩短，消费者仅需要一台电脑或者手机终端与互联网连接就可以足不出户地购买商品。其次，居民在互联网经济中的消费可以有效地利用碎片化时间，而且不局限于传统商店的营业时间。居民在互联网上进行商品搜索、筛选、下单、支付等行为不受商店营业时间的限制。特别是在移动互联网普及后，随时随地上网、购物的模式，使碎片化时间更好地利用起来，契合现代经济中人们生活的快节奏，不仅为忙碌的上班族提供便捷的购物方式，还在一定程度上促使消费者的冲动消费。最后，互联网经济中的网络购物简化了购物环节，为居民的实时消费提供便利，使其可以不受时间、地点的限制而随心所欲地购买自己喜欢的产品。所以，互联网经济中的消费模式具有突破时空限制的特征，居民消费行为也会随之发生变化。

（3）消费选择范围扩大。互联网经济下居民消费选择范围的扩大表现在三个方面：一是商品以及服务的数量、质量范围大幅扩大。二是消费方式多样化，包括线上消费、线下消费、线上支付线下消费等方式。三是个性化需求能够得到满足。与传统经济相比，互联网经济下有更加细分的市场，可选择的范围扩大；大数据等信息技术的发展使个性化需求信息更容易获得，降低信息获取的成本，企业将相似的（相同的）个性化需求信息进行汇总并进行大规模定制生产，实现规模经济。对在实体零售商店不发达的地区，居民消费选择范围扩大的效应更为明显。

此外，由前文对居民消费行为与金融投资行为的环境的分析中可知，互联网经济的发展能缓解消费者的预算约束，从而促进居民消费能力的释放。

二、居民消费总量概况

居民可支配收入可分为消费与储蓄两大部分，从居民对可支配收入的分配来看，1992年①中国居民部门的可支配收入为18452.78亿元②，在消费与储蓄之间的分配分别是13000.20亿元与5452.58亿元，消费率为70.45%。随着居民可支配总收入的持续增长，居民最终消费的水平逐年提高，但却形成了消费占可支配收入的比例不断下降的趋势。2010年居民最终消费占可支配收入的比例仅为57.90%，2010年后缓慢增长，到2016年，该比例为63.86%。整体上呈现出消费占可支配收入比重先下降后上升的趋势，转折点为2010年，具体情况如表4-1所示。

表4-1 1992~2016年我国居民消费与可支配收入

年份	可支配总收入（亿元）	最终消费（亿元）	消费比重（%）
1992	18452.78	13000.20	70.45
1993	22827.06	16412.10	71.90
1994	32292.24	21844.20	67.65
1995	40291.60	28369.70	70.41
1996	48125.11	33956.20	70.56
1997	53842.17	36921.70	68.57
1998	57043.45	39229.30	68.77
1999	59733.06	41920.40	70.18
2000	66538.67	45854.60	68.91
2001	71865.34	49435.90	68.79
2002	77423.32	53056.60	68.53
2003	87268.45	57649.80	66.06
2004	98508.92	65218.48	66.21
2005	112910.16	72958.70	64.62
2006	131426.42	82575.50	62.83
2007	158558.63	96332.50	60.76
2008	185926.31	111670.40	60.06
2009	207302.37	123584.60	59.62
2010	243121.74	140758.60	57.90

---

① 中国由国家统计局公布的资金流量表从1994年开始编制，数据最早能够追溯到1992年。
② 本节关于中国居民的所有数据均来自Wind数据库和中国统计局网站。

续表

年份	可支配总收入（亿元）	最终消费（亿元）	消费比重（%）
2011	285772.58	168956.60	59.12
2012	321399.16	190584.60	59.30
2013	357113.36	219762.50	61.54
2014	391109.95	242540.00	62.01
2015	422629.21	265980.10	62.93
2016	459534.74	293443.10	63.86

注：数据来源于Wind资讯。资金流量表中的实物交易部分，最终消费是可支配收入与总储蓄的差值。

中国居民消费总量不足、消费率持续走低已经在相当长时期内存在，如表4-2所示，1978~1990年，居民消费占GDP比重的波动不是很大，从1990年至2017年，几乎呈现持续走低的趋势。2010年中国居民消费占GDP的比重仅为35.6%，从2010年到2016年缓慢上升，2016年为39.4%，2017年稍微有所下降，为39.0%。而居民消费占GDP的比重在世界的平均水平是62%，可见，中国居民消费水平还明显偏低。

表4-2　1978~2017年我国居民消费占GDP比重

年份	生产总值（亿元）	最终消费（亿元）	居民消费（亿元）	最终消费率（%）	居民消费占GDP比重（%）
1978	3634.1	2232.9	1759.1	61.4	48.4
1990	19067.0	12001.4	9435.0	62.9	49.5
1991	22124.2	13614.2	10544.5	61.5	47.7
1992	27334.2	16225.1	12312.2	59.4	45.0
1993	35900.1	20796.7	15696.2	57.9	43.7
1994	48822.7	28272.3	21446.1	57.9	43.9
1995	61539.0	36197.9	28072.9	58.8	45.6
1996	72102.5	43086.8	33660.3	59.8	46.7
1997	80024.8	47508.6	36626.3	59.4	45.8
1998	85486.3	51460.4	38821.8	60.2	45.4
1999	90823.8	56621.7	41914.9	62.3	46.1

续表

年份	生产总值（亿元）	最终消费（亿元）	居民消费（亿元）	最终消费率（%）	居民消费占GDP比重（%）
2000	100576.8	63667.7	46987.8	63.3	46.7
2001	111250.2	68546.7	50708.8	61.6	45.6
2002	122292.1	74068.2	55076.4	60.6	45.0
2003	138314.7	79513.1	59343.8	57.5	42.9
2004	162742.1	89086.0	66587.0	54.7	40.9
2005	189190.4	101447.8	75232.4	53.6	39.8
2006	221206.5	114728.6	84119.1	51.9	38.0
2007	271699.3	136229.4	99793.3	50.1	36.7
2008	319935.8	157466.3	115338.3	49.2	36.1
2009	349883.3	172728.3	126660.9	49.4	36.2
2010	410708.3	198998.1	146057.6	48.5	35.6
2011	486037.8	241022.0	176532.0	49.6	36.3
2012	540988.9	271112.8	198536.8	50.1	36.7
2013	596962.9	300337.8	219762.5	50.3	36.8
2014	647181.7	328312.6	242539.7	50.7	37.5
2015	699109.4	362266.5	265980.1	51.8	38.0
2016	745632.4	399910.1	293443.1	53.6	39.4
2017	815260.3	437151.5	317963.5	53.6	39.0

资料来源：中国统计局网站。

三、居民消费结构概况

居民消费结构随着经济的发展和收入水平的不断提高而持续调整是经济发展的一般规律，在不同阶段具有不同特征。在改革开放至20世纪80年代初期，食品和衣着消费挤压其他消费；80年代末，当衣食消费逐渐得到满足后，以耐用品为代表的家庭设备及用品的支出开始上升；90年代则是医疗保健、交通通信以及居住的支出份额增加；2000年左右是衣食消费支出份额持续下降、文教娱乐的支出比重增加（袁志刚等，2009），从图4-1中可以明显地看出，城乡居民各类消费支出比重走势图的交叉点发生在2000年左右，此时正是中国互联网普及应用、电子商务发展起来的时期。

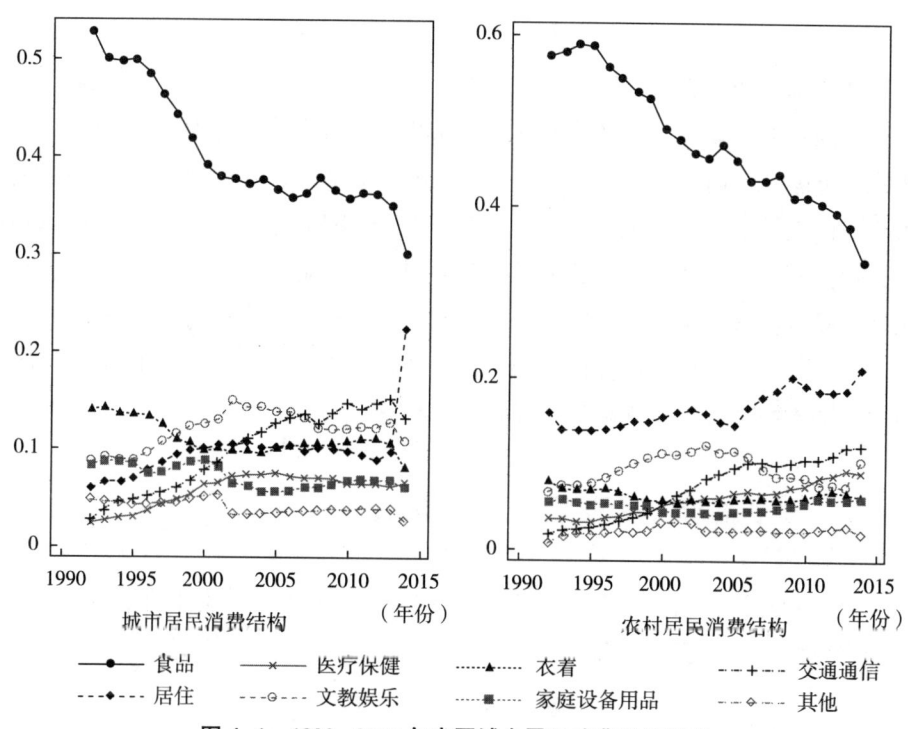

图 4-1　1990~2015 年中国城乡居民消费结构演变
资料来源：国泰安数据库。

由图 4-1 可知，中国城乡居民的消费结构都是食品消费支出占比远远大于其他几类的消费支出比重，但食品消费支出比重不断下降，整体来说，消费结构持续升级。居住消费呈不断上升之势、医疗保健支出比重逐步增长，意味着随着消费水平的提高，居民对居住环境和自身健康状况的关注度增加。交通通信的支出也呈现不断增长的态势，衣着、家庭设备用品和其他杂项类的支出比重变动不大。

第二节 互联网经济下居民消费行为的特征

在传统经济环境中,居民消费行为与商店的物理网点数量、位置的相关性很大。随着电子商务、互联网金融的不断壮大,居民消费行为对物理网点的依赖程度下降。逛商场的消费模式转变为逛网店的消费模式、现金支付习惯转变为互联网支付。居民的消费行为对互联网的依赖程度变大,购买前的信息搜索、消费商品的选择都越来越离不开互联网。互联网经济改善消费需求的实现条件、降低实现消费需求的成本。互联网经济下居民消费行为的特征大致可总结为:消费需求实现的便捷性、即时性;消费行为的从众性、群聚性;消费支付方式的虚拟化;消费选择的多样化、个性化。

一、消费需求实现的便捷性、即时性

互联网经济为居民消费需求的实现提供了智能化、便捷性的平台和工具。消费需求实现的便捷性和即时性主要体现在:首先,操作便捷,只需要电脑、智能手机等互联网终端以及互联网连接,居民就可以利用搜索引擎来获取相关信息,可以在电子商务平台上快速地检索和浏览商品信息、比较价格,通过简单点击而完成一项交易,购买的商品往往就直接通过送货上门的方式送到家门口,并可以反馈信息。其次,购买不受制于时间限制,居民可以有效地利用碎片化时间,借助互联网在24小时内随时购买自己喜欢的商品,而不局限于传统商店的营业时间。特别是在移动互联网普及后,随时随地上网、购物的模式,契合人们生活的快节奏及不喜欢逛街的消费者群。最后,居民的消费偏好与消费行为被互联网上的相应软件记录下来,使生产产品的企业根据所统计的消费偏好调整产品生产及设计,增加产品与居民消费偏好的匹配度,使消费需求更有效地实现。互联网记录方式的出现为消费行为提供了便利,它会根据之前的消费记录以及浏览选择对消费者的偏好进行设定,并向消费者推送相关的商品,这大大减少了消费者进行选择的时间成本,使购物变得更简单。

互联网经济优化了居民消费商品信息的搜索环境,也提升了居民商品选择的便捷度,使居民可以非常方便地、不耗时地对不同销售者的商品以及同类商品进行对比,商品选择行为在互联网上就可以完成,消费需求的实现也具有即时性。有时,居民消费需求的产生是即兴的,外出去商店购买既花费时间又受制于商店的营业时间,而互联网购物平台的兴起解决了这一难题,不仅扩大了商品选择范围,也突破了传统商店的经营时间限制。在凌晨12点以后,都可以在互联网交易平台上下单,而且有些商品是次日送达,使居民即兴或有些紧急却没时间出去逛街购买的消费需求得以实现。现代生活的快节奏使居民的时间观念增强,希望即时需求能即时实现。互联网经济的发展为居民即时需求的快速实现提供了条件,例如,对于第二天急需用书的大学生,由于课程时间紧,没有时间出去买却又需要在第二天用,就可在京东等购物平台上下单购买,当天或第二日便可送达。实现突破时间限制的快速购买,既方便又省时间。

二、消费行为的从众性、群聚性

消费的从众性是指消费者跟着大多数人的行为来做出行为决策,与其他人的行为保持一致。居民消费行为具有从众性,产生的原因是多样的:首先,居民作为人是社会性动物,不会孤立地存在,居民行为之间存在着相互影响的关系。在人的社会性前提下,杜森贝里在相对收入假说中提出了示范效应,指出人的消费行为具有追求高水平和模仿的倾向。其次,为了规避风险,当人们对自己所处的环境有非常大的不确定性时,更有可能通过观察他人的行为来决定自己的行为以规避风险,认为他人选择的商品一般都是好的;或者是由于对其他购买者的羡慕、为获得认同而产生从众动机;又或者仅仅是随波逐流。

在互联网经济下,消费行为的从众性与群聚性表现在:首先,居民更容易获得各类商品的购买情况信息,了解商品的销量,甚至可获知购买某类商品的人群,在这种情况下,居民消费行为的互相影响得到放大,产生消费的群聚性,即放大杜森贝里提出的示范效应。

其次,居民在互联网上的消费行为是在诸如淘宝、京东等互联网平台上进行的,互联网购物平台是虚拟的空间,是一种具有很强体验性和感性化的购物场所，居民的消费决策极易受到网页上的广告，其他消费者的购物体验分享、评分等信息的影响，通过相互影响而达到群聚性消费的效应。

最后，居民在互联网上消费时可以互动，消费者通过互相交流影响消费决策，产生消费的群聚效应。在缺乏互联网的传统经济时代，消费者之间的信息交流是零散的，并且交流范围极其有限，消费者与企业的信息传递更加困难。但在互联网经济下，借助于大量的社交网络平台，各类互联网使用者都能在平台上发布信息，将与消费有关的体验发布到网上，引发其他潜在消费者的关注，消费者之间也可以互相交流，从而影响他人的消费决策，形成消费的群聚效应。居民的消费行为受到自己社交信息的影响，同一个社交圈中的消费行为具有相似性，一个消费行为可能引发其他消费者的从众心理，得到的关注越多的消费品，更容易吸引新增消费者的注意，产生消费的群聚效应；同时，一个抵制行为也能导致群体抵制消费的情况。

三、消费支付方式的虚拟化

在消费过程中支付方式发生了翻天覆地的变化，携带现金的习惯被动摇、被改变，取而代之的是第三方互联网支付。传统经济下，现金支付是最主要的支付方式，居民消费是"一手交钱、一手交货"的模式，此处的"钱"指的是现金。随着电子商务与互联网金融，特别是第三方支付的发展，居民的线上购买活动与互联网支付紧密联系，主要通过网银支付和第三方互联网支付来完成。互联网支付以极高的渗透率进入中国居民的日常消费中，线下消费时"扫一扫"已成为普遍的消费支付方式。中国的第三方互联网支付市场规模发展十分迅速，2009年中国第三方互联网支付规模还只是0.51万亿元，2017年增长到28万亿元。由图4-2可知，中国的第三方互联网支付规模逐年攀升，且增速很大。

在互联网经济下，居民的消费与金融投资都依赖于互联网，互联网支付快速发展，对现金需求产生了替代作用。支付方式的变化降低了居民的现金需求，使居民手持现金占存款的比例降低（见图4-3）。居民对互联网支付的使用增加，对现金的需求就会减少。居民在经济活动中使用的现金越来越少，特别是支付宝与微信支付的快速普及，使得不仅在互联网经济活动中现金退出了

第四章　互联网经济下的居民消费行为

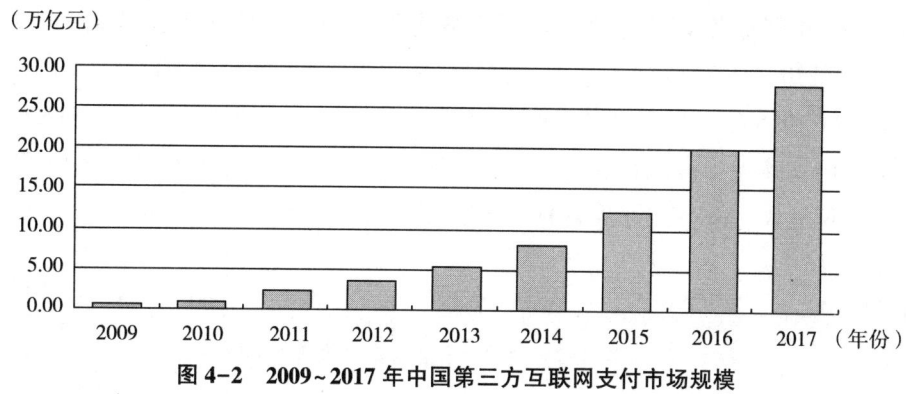

图 4-2　2009~2017 年中国第三方互联网支付市场规模

资料来源：Wind 资讯。

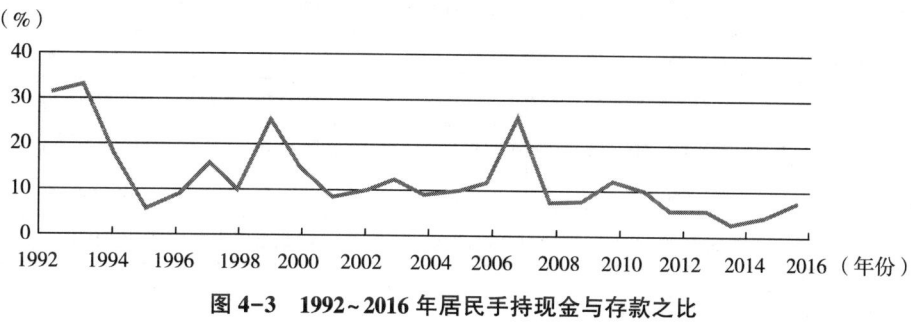

图 4-3　1992~2016 年居民手持现金与存款之比

资料来源：Wind 资讯。

交易流域，在实体店交易中，现金的使用也快速减少。互联网金融的低成本进一步降低居民对现金的需求，使用支付宝等支付方式不但操作便捷、流动性高、小额支付中不会产生费用，且剩余资金在余额宝中还能产生收益。居民将大量的活期存款转向互联网金融理财。

虚拟化的支付场景不断延伸，从最初的网络购物场景延伸到实体商场、超市以及街边小商贩，也应用在医疗健康、公共交通等场景。不仅是大城市的居民形成了这种虚拟化支付的习惯，虚拟化支付方式更是朝着中国广大的农村地区延伸。第 43 次《中国互联网络发展状况统计报告》显示，截至 2018 年底，中国的网络支付用户规模达 6.00 亿，网民在线下消费时使用手机网络支付也日益频繁，线下消费时使用手机网络支付的比例在 2017 年底为 65.5%，到 2018 年底增长到 67.2%。

中国电子业务支付笔数与电子业务支付金额在近几年内快速增长。由表4-3可知,从2013年到2018年中国电子支付业务笔数飞速增长,特别是在2014~2015年,呈现出了"爆发式"增长。在电子业务支付中,移动支付笔数的增速是十分瞩目的。由表4-4可知,移动支付金额也是增速最大的。移动支付笔数与移动支付金额的高速增长反映了居民支付方式的移动化、虚拟化。

表4-3 中国电子业务支付笔数

单位:万笔

年份	电子支付业务笔数	网上支付	电话支付	移动支付
2013	2578300.00	2367400.00	43500.00	167400.00
2014	3333300.00	2857400.00	23400.00	452400.00
2015	10523400.00	3637100.00	29800.00	1383700.00
2016	13956100.00	4617800.00	27900.00	2571000.00
2017	15258000.00	4857800.00	16000.00	3755200.00
2018	17519200.00	5701300.00	15800.00	6053100.00

资料来源:Wind资讯。

表4-4 中国电子业务支付金额

单位:亿元

年份	电子支付业务金额	网上支付	电话支付	移动支付
2013	10751600.00	10607800.00	47400.00	96400.00
2014	14046500.00	13760200.00	60400.00	225900.00
2015	25062300.00	20182000.00	149900.00	1082200.00
2016	24944500.00	20849500.00	170600.00	1575500.00
2017	24192000.00	20750900.00	87800.00	2029300.00
2018	25397000.00	21263000.00	76800.00	2773900.00

资料来源:Wind资讯。

四、消费选择的多样化、个性化

(一) 多样化特征

互联网经济的发展通过打破时空限制、加剧生产者之间的竞争而使居民的消费集约束极大地被弱化、消费选择多样化。居民消费方式也多样化,主要包括线上消费、线下消费、线上支付线下消费等方式。特别是与20世纪八九十年代消费的雷同性对比,多样化和个性化特征更加明显。

第一,随着市场空间限制被打破,消费者面临更为广阔的市场,可选择的商品种类大幅增加。实体商店不发达的三四线城市和农村地区的居民可以通过互联网购买到商品经济发达的大城市所销售的商品,全国各个地区的商品几乎都可以在互联网上购买,甚至国外的商品都能够在互联网上通过代购等便捷的渠道实现购买。

第二,互联网经济加剧了市场竞争,企业为实现自身利润最大化、占领市场,被激发出创新、降低成本等积极性,产品种类不断增加,产品品质不断提升,消费者的个性化需求得以满足。

第三,互联网经济的强大信息传输、搜索和处理功能,使生产者与消费者之间、生产者之间、消费者之间的信息逐渐对称,市场经济逐渐完善,价格机制的作用日益突出,商品的供给更能契合居民消费需求的变化,满足居民日益增长和升级的消费需求,从而商品无论是量上还是质上,抑或是种类的多样化都在快速的变化中。

(二) 个性化特征

居民消费行为的个性化与消费的多样化之间是相辅相成的。在居民不断实现自身个性化需求时,同时也使消费选择多样化。与传统经济相比,互联网经济为居民个性化需求提供了实现条件,居民消费行为的个性化特征更加凸显。互联网经济下有更加细分的市场,使居民的个性化消费取代了之前的"排浪式"消费,2014年底的中央经济工作会议指出:"过去中国消费具有明显的模仿型排浪式特征。现在模仿型排浪式消费阶段基本结束,个性化、多样化消费渐成主流。"①

---

① 黄博阳. 排浪式消费进黄昏 产业发展需防"撞衫"[EB/OL]. 新华网, http://news.xinhuanet.com/fortune/2014-12/15/c_127306058.htm, 2014-12-15.

互联网平台上记录了大量消费者的交易信息、身份信息以及浏览记录。这些信息形成的大数据为个性化需求的实现提供了技术支撑。借助于大数据，企业可以挖掘消费者的需求特征、个性偏好，进而分析消费者的行为习惯，并将相似的或相同的需求进行汇总进行大规模定制生产，生产出满足消费需求的商品，实现规模经济、降低成本。

互联网提供的商业交易平台能更好地收集居民消费需求变化的相关数据，并为居民的个性化需求以及企业生产决策的改变、产品的销售提供一个有效的对接平台，降低信息收集成本和提高需求向生产转换的效率。企业与消费者之间的交流模式由间断的、滞后的、零散的信息交流演变为企业与消费者之间的连续、系统、实时、直接的信息交流模式，使生产者更好地了解消费需求，并且，在传统的经济环境中，两者之间的交流主要是企业、商家向消费者进行产品信息介绍的单向模式，消费者大多只能被动地接受企业生产出来的产品，难以将自身对商品的具体需求表达给生产企业。在互联网环境中，企业向消费者介绍商品的信息得到强化，而消费者对企业的要求、反馈给企业的体验信息对于消费者的个性化需求的实现有十分重要的作用。由于自身的特定需要，通过互联网平台，在网上搜索相关产品的信息，将自己对产品的要求及创意与产品或服务的提供商进行互动。同时，在互联网环境下，居民在商品的设计和制作中的参与度提高，直接参与产品的研发、生产和流动环节能够满足不同居民的个性化需求。

第三节　互联网经济下居民消费总量的变化

一、消费便捷性和从众性增加居民消费总量

互联网经济下居民消费行为主要体现在网购越来越多、越来越频繁，网络购买商品的品种也不断多元化。全国网络购物规模飞速增长，中国已经形成了全球最大的网络零售交易市场，据艾瑞咨询统计，2007年第四季度中国的网

络购物市场规模是203.1亿元,2017年第四季度网络购物市场规模达到19191.1亿元,为2007年第四季度的94.5倍。如图4-4所示,中国的网络购物市场规模从2008年开始进入到快速发展阶段,很多人将2008年至今的网购市场称为"爆炸式"发展阶段。

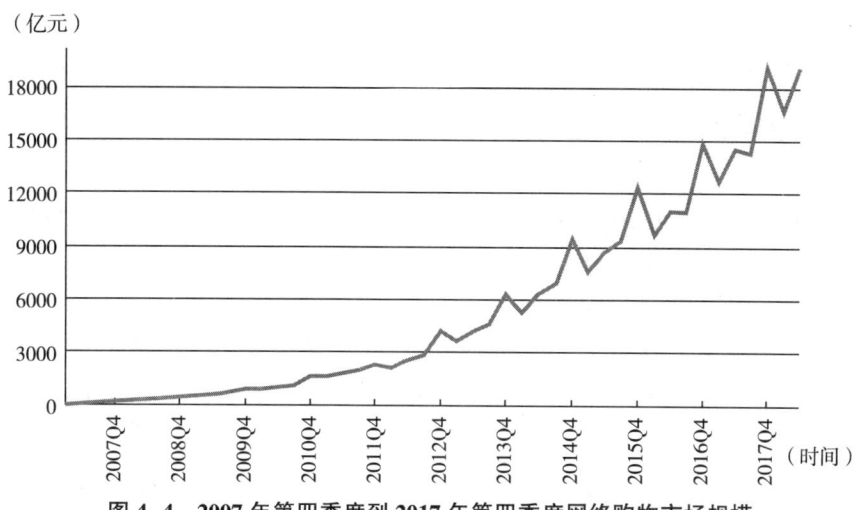

图4-4　2007年第四季度到2017年第四季度网络购物市场规模

资料来源:Wind资讯。

(一) 消费便捷性与消费总量增加

互联网对居民消费行为的影响主要通过对消费渠道、消费方式的变化以及信息的充分度来影响的。居民的消费渠道转移到互联网上,消费习惯逐步转化为依托互联网平台的模式,对物理商店的依赖性降低。同时互联网经济的特征更容易刺激居民产生新的消费需求,使潜在的消费需求变为现实的需求;或者促进消费需求的变化,使消费结构升级。超前消费、借贷消费也属于在互联网经济背景下可能出现的居民消费行为。

消费需求诱发与实现的便捷性促进居民消费总量的增长。首先,信息获取越来越方便,人们的各项活动越来越离不开网络,消费者的消费需求极易受到网络环境的影响,商家通过社交平台、网页设计等各种方式诱发消费者的购买意向;其次,网购方式的便捷性、低时间成本、低交易成本、不受时空限制等特点使消费者的购买意向和需求更容易转换为购买行为,便捷的线上交易方式能够将居民更多的"潜在消费需求"转变为"现实消费需求"。此时也容易产生冲动购买、超前消费。随着网购和移动购物模式的普及，居民更容易在手机等终端前作出购买决策。在传统经济环境下当居民产生一个消费需求，但附近没有销售渠道时，要实现该消费需求的时间就较长、环节也多，很有可能原先所产生的消费需求就此搁置。而在互联网经济下，居民可以在线搜寻相关商品并完成交易，非常方便地实现潜在需求向现实需求的转变，消费需求实现所需的时间也极度缩短。此外，通过电商平台进行商品的在线比较比去实体店铺货比多家要方便得多，提高了居民的消费决策效率，有助于潜在需求转变为现实需求、提高消费总量。

在互联网经济环境中，由于企业迫于生存压力而不断进行转型升级使得商品种类增多、品质提高、价格降低、产品营销精准、购买方式更便捷，因而为居民的消费行为提供更多的支持。

（二）消费从众性与消费总量增加

互联网经济中居民消费行为具有从众性，引发群体消费、促进消费总量增加。商家可在微博、微信等社交平台上嵌入软文广告，诱导消费者的群体消费效应、消费总量增加。在互联网交易平台上，消费者的消费行为很容易产生交互性影响，各类网络使用者通过在社交网络平台上发布消费体验，引起其他潜在消费者的关注；随着消费者交流范围的大幅增加，消费者的消费行为很容易受到社交信息的影响，从而产生从众消费。习明明、朱丽萌（2016）通过对大学生"双十一"期间的网购行为进行问卷调查，发现同龄人即处于同一环境中的人的消费及网购具有从众效应。

二、支付方式虚拟化增加居民消费总量

居民在互联网经济下的消费支付方式虚拟化；同时，互联网理财、互联网消费金融具有普惠特征，使居民的金融可得性增加。通过心理账户效应以及对消费的平滑机制促进居民消费总量增加。

（一）心理账户效应

居民利用虚拟化的互联网支付与传统的现金支付相比，由于不同的心理账户作用，在虚拟化的互联网支付下消费支出倾向于增加。居民对互联网支付以

第四章 互联网经济下的居民消费行为

及现金之间建立了不同的心理账户。在消费时由于互联网支付具有虚拟性,使用互联网支付的心理损失要低于使用现金支出的心理损失,因而使用互联网支付时做出的消费决策更加迅速,更有利于消费总量的增加。

(二) 互联网支付的平滑机制

首先,支付方式虚拟化有助于支付平滑,提高消费的即时性和便捷性。以支付宝、微信支付为代表的互联网支付替代了传统的现金支付,为居民的消费行为提供了极大的便利,不带现金消费行为也同样可以进行,且消费支付更便捷。移动互联网的飞速普及,使互联网支付与智能手机融为一体,携带手机基本就代表着具有支付能力,而现代生活中居民时时刻刻都离不开手机。改变了传统经济环境下因忘带现金或现金携带不足而抑制消费冲动的困境。由于只需通过网络和手机终端就可支付,不需要携带现金也不需要携带银行卡,就可以方便地利用互联网支付工具来消费并获得消费金融的支持,更容易使即时的、冲动的消费需求得以实现。

其次,互联网支付的虚拟化有助于消费预算平滑。预算平滑主要体现在对居民预算约束及流动性约束的弱化上,有助于居民实现现期与跨期的消费平滑。具有互联网支付以及真实电子商务背景的电商互联网消费金融使居民十分便利地获得消费金融的支持并支付,弱化预算约束与流动性约束。例如在使用支付宝时就可以使用蚂蚁花呗这种互联网消费金融的功能。与银行消费信贷相比,使用起来更加灵活、流程更加简洁。居民在金融投资和消费之间转换的约束得到大幅缓解,居民在既定的收入下表现在以下方面,一方面可以极为便利地将消费盈余用于金融投资;另一方面随时可以将金融投资收益转化为消费支出,从而有利于改善消费条件,增加消费总量。

三、互联网经济下消费总量增加的实证分析

为更好地实证分析互联网经济下的居民消费总量增加,本部分先测度中国31个省份的互联网经济水平。根据测度结果将31个省份划分为互联网经济水平高与互联网经济水平低两个区域,探讨互联网经济下居民消费总量的变化。

(一) 各省份互联网经济水平的测算

首先构建衡量中国各省份互联网经济水平的指标体系,通过主成分分析法

对指标体系进行处理，得到各省份的互联网经济水平值，并对其进行排序。

1. 指标体系的选取

本节在对比了经济信息化与互联网经济的异同后，在权衡多位学者对信息化程度和互联网化程度指标的研究及国内外信息化水平指标体系组成的基础上，遵循了综合性、数据可得性、可操作性的原则构建了衡量中国各省份互联网经济水平差异的指标体系。

本节测度互联网经济水平的指标体系包含互联网基础设施、互联网普及率以及互联网应用三大类。其中，互联网基础设施包括光缆线路长度、长途光缆线路长度、每百人使用计算机数、互联网固定资产投资以及互联网宽带接入用户数五个子指标；互联网普及率涵盖网民普及率、域名数、网站数、每百家企业拥有网站数四个子指标；互联网应用包含了企业信息化及电子商务、有电子商务交易的企业数、电子商务交易额三个子指标。根据 Wind 资讯相关数据更新状况以及中国互联网应用发展情况，本节选取 2013 年的数据对互联网经济水平进行分析。2013 年是中国的互联网金融发展元年，不仅互联网金融取得了突破式的成绩，互联网与生产、生活的方方面面也是快速地渗透融合，以 2013 年数据来对全国 31 个省份的互联网经济水平进行划分具有合理性。

2. 指标赋权

本节选用主成分分析法对选定的指标进行赋权，以得到一个简洁直观的结果来衡量各个地区的互联网经济水平。主成分分析是因子分析中的一种，其原理是通过坐标的变换，将多个指标进行降维，转化成几个能够包含原始指标大多数信息的主成分，每一个主成分都是由原始指标线性组合而成，且各个主成分之间互不相关。其优点是可以在保证原有指标信息量损失最小的前提下，将多维空间有效降维，达到在低维空间中分析比较各样本的目的，并能够根据指标之间的结构客观地为其赋予一个不受量纲影响的权重。特别适用于指标体系中指标多、量纲不同、数据量大，指标之间可能存在相关性等复杂问题的分析。本节指标进行主成分分析的结果如下：

如表 4-5 所示，每一个主成分均为原指标体系的线性组合，因为第 1、2、3 个主成分的特征值均大于 1，且累计方差贡献率达到 86%（大于 85%），意味着这三个成分包含了原始变量信息的 86%，而余下的九个成分所包含的信息仅为 14%，因而可提取前三个成分作为主成分，分为记为 Y1、Y2、Y3。

表 4-5 主成分分析结果

主成分	特征值	方差	方差贡献率	累计贡献率
1	6.558	3.898	0.546	0.546
2	2.660	1.553	0.222	0.768
3	1.107	0.624	0.0922	0.860
4	0.483	0.0136	0.0403	0.901
5	0.470	0.179	0.0391	0.940
6	0.291	0.118	0.0242	0.964
7	0.173	0.0567	0.0144	0.978
8	0.116	0.0441	0.00970	0.988
9	0.0720	0.0432	0.00600	0.994
10	0.0288	0.00556	0.00240	0.997
11	0.0233	0.00448	0.00190	0.998
12	0.0188	—	0.00160	1

根据表 4-6 可得，主成分评价函数的组成如下：

$$Y1 = 0.286x1 + 0.00824x2 + 0.0925x3 + 0.300x4 + 0.343x5 + 0.235x6 + 0.284x7 + 0.334x8 + 0.237x9 + 0.369x10 + 0.359x11 + 0.365x12 \quad (4-1)$$

$$Y2 = -0.366x1 - 0.467x2 + 0.537x3 - 0.158x4 - 0.235x5 + 0.390x6 + 0.0257x7 + 0.214x8 + 0.211x9 - 0.148x10 - 0.0553x11 + 0.112x12 \quad (4-2)$$

$$Y3 = -0.196x1 + 0.416x2 + 0.147x3 - 0.349x4 + 0.117x5 + 0.0430x6 + 0.511x7 + 0.240x8 - 0.503x9 - 0.0892x10 - 0.129x11 + 0.184x12 \quad (4-3)$$

主成分综合评价函数可表述为：

$$Y_{综} = (0.546 \times Y1 + 0.222 \times Y2 + 0.0922 \times Y3)/12 \quad (4-4)$$

为处理各变量量纲不一致所带来的数学计算意义不明确问题，上述公式中 x1~x12 所代表的是原始数据标准化的数据。

表 4-6 变量含义及前 3 个主成分的构成

变量	变量含义	主成分 1（Y1）	主成分 2（Y2）	主成分 3（Y3）
x1	光缆线路长度	0.286	-0.366	-0.196
x2	长途光缆线路长度	0.00824	-0.467	0.416

续表

变量	变量含义	主成分1（Y1）	主成分2（Y2）	主成分3（Y3）
x3	每百人使用计算机数	0.0925	0.537	0.147
x4	互联网固定资产投资	0.300	−0.158	−0.349
x5	互联网宽带接入用户数	0.343	−0.235	0.117
x6	网民普及率	0.235	0.390	0.0430
x7	域名数	0.284	0.0257	0.511
x8	网站数	0.334	0.214	0.240
x9	每百家企业拥有网站数	0.237	0.211	−0.503
x10	企业信息化及电子商务：调查企业数	0.369	−0.148	−0.0892
x11	企业数：电子商务交易	0.359	−0.0553	−0.129
x12	交易额：电子商务	0.365	0.112	0.184

由表4-6可知，在第一主成分中企业信息化及电子商务、电子商务交易额、企业电子商务交易、互联网宽带接入用户数、网站数、互联网固定资产投资等指标的系数较大（都大于等于0.3，小于0.37），系数之间的差距不大。这几个指标基本上反映了电子商务化方面的信息，电子商务是互联网经济的主要内容，此类指标的系数较大说明了电子商务的发展状况是衡量互联网经济水平的主要因素。第二主成分中每百人使用计算机数、长途光缆线路长度、网民普及率、光缆线路长度这几个指标的系数绝对值较大，基本反映的是计算机、光缆等基础设施情况。要评估一个地区的互联网经济水平，基础设施是不可缺少的部分，如果缺少了计算机、光缆以及网民，那么该地区的互联网经济活动就无法进行，电子商务、互联网金融等业务也就缺乏开展的基础。第三主成分中域名数、每百家企业拥有网站数、长途光缆线路长度这几个指标的系数绝对值较大，同样也是反映了一个地区互联网经济的基础设施情况。

3. 各省份互联网经济水平测度结果

根据主成分评价函数分别计算出由主成分1、主成分2、主成分3以及综合函数代表的互联网经济水平指数及排序，具体情况如表4-7所示。

第四章 互联网经济下的居民消费行为

表 4-7 中国各省份互联网经济水平排序

省份	Y1	主成分1排序	Y2	主成分2排序	Y3	主成分3排序	Y综	综合排序
广东	7.707	1	-0.249	13	2.344	1	0.364	1
北京	3.320	5	5.162	1	1.227	3	0.256	2
江苏	6.073	2	-2.034	31	-2.952	31	0.216	3
浙江	4.609	3	-0.675	20	-1.710	30	0.184	4
上海	1.926	6	4.004	2	-0.359	23	0.159	5
山东	3.478	4	-1.342	28	2.130	2	0.150	6
福建	1.108	7	0.504	7	-0.168	20	0.058	7
辽宁	0.055	10	-0.343	14	-0.047	17	-0.004	8
天津	-0.975	15	2.356	4	-0.602	24	-0.005	9
湖北	0.016	11	-0.498	17	-0.310	21	-0.011	10
河北	-0.028	13	-0.960	24	0.176	14	-0.018	11
河南	0.282	8	-1.637	29	-0.129	18	-0.018	12
安徽	-0.019	12	-0.623	19	-1.241	28	-0.022	13
四川	0.097	9	-1.904	30	0.410	10	-0.028	14
海南	-1.531	22	2.752	3	-1.338	29	-0.029	15
湖南	-0.351	14	-1.336	27	-0.168	19	-0.042	16
陕西	-1.043	16	0.092	10	-0.311	22	-0.048	17
重庆	-1.201	17	0.417	8	-0.635	25	-0.052	18
山西	-1.204	18	-0.702	21	0.334	12	-0.065	19
黑龙江	-1.268	19	-1.070	26	1.176	4	-0.068	20
江西	-1.300	20	-0.390	15	-1.033	27	-0.074	21
广西	-1.429	21	-0.901	23	0.348	11	-0.079	22
吉林	-1.760	25	0.010	11	0.015	16	-0.080	23
宁夏	-2.218	29	1.323	5	-0.692	26	-0.082	24
云南	-1.609	23	-0.773	22	0.537	9	-0.083	25
新疆	-1.904	26	-0.195	12	0.768	5	-0.084	26
青海	-2.246	30	0.770	6	0.307	13	-0.086	27
内蒙古	-1.655	24	-1.066	25	0.738	6	-0.089	28
贵州	-2.067	27	-0.614	18	0.557	8	-0.101	29
甘肃	-2.122	28	-0.445	16	0.017	15	-0.105	30
西藏	-2.739	31	0.366	9	0.612	7	-0.113	31

· 85 ·

由表4-7可知，根据主成分1来对互联网经济水平排序，广东省位于首位，其余排名前五位的依次为江苏、浙江、山东、北京，而互联网经济水平排在最后五位的省份分别是贵州、甘肃、宁夏、青海、西藏。根据主成分2来对互联网经济水平排序，排在前五位的分别是北京、上海、海南、天津、宁夏，排在最后五位的省份则是湖南、山东、河南、四川、江苏。根据主成分3来对互联网经济水平排序，前五位分别是广东、山东、北京、黑龙江、新疆，而最后五名是江西、安徽、海南、浙江、江苏。由以上的分析可知，根据主成分1、主成分2、主成分3进行的互联网经济水平排序偏向于互联网经济的某一个方面，主成分1偏向于电子商务化的测度，主成分2、主成分3主要偏向于互联网经济基础设施情况。所以，采用综合值来对各省份的互联网经济水平排序。

在综合排名中，前五位是广东、北京、江苏、浙江、上海，最后五位则是青海、内蒙古、贵州、甘肃、西藏。广东、北京、江苏、浙江、上海属于中国的经济发达省市，其互联网经济水平也相应地高，其中，浙江是中国互联网领军企业——阿里巴巴的所在地，互联网经济水平自然较高。为研究互联网经济水平不同地区居民互联网消费行为与总消费的关系，本节将全国31个省份划分为互联网经济水平较高和互联网经济水平较低两个区域，综合排名在前15位的属于互联网经济水平较高的省份，综合排名在后16位的属于互联网经济水平较低的省份。所以，除去上述排名前五的省份外，还有山东、福建、辽宁、天津、湖北、河北、河南、安徽、四川、海南属于互联网经济水平较高的地区；其余省份则属于互联网经济水平较低的地区。

(二) 不同互联网经济水平下居民总消费增长的实证分析

根据各省市的互联网经济水平将31个省份划分为两大区域——互联网经济水平高的区域和互联网经济水平低的区域，并将这两个区域以及全国范围内的互联网消费与居民总消费支出之间的关系进行对比分析，以此来研究互联网经济下居民消费行为方式的变化能否促进居民消费总量增加。

1. 数据来源及变量选取

为研究互联网经济水平不同的情况下互联网消费对居民总消费的促进作用，本节选取的被解释变量是各省份的居民总消费支出，主要解释变量是网购额。并根据消费理论和实际情况，控制变量选取了GDP、居民消费价格指数、利率、总人口抚养比以及地方财政支出。实证的样本区间为2007~2014年，所有数据均来自 Wind 资讯和中国电子商务研究中心。目前并没有各省份互联网消费额（网购额）的相关数据，本节采用方福前、邢炜（2015）的处理方法：将全国网络零售交易规模乘以各省份快递业务量占全国快递业务量的比重来估计各省份的网购额。一个完整的网购过程一般是网上筛选信息选定商品—在线支付—商品通过快递的形式到达消费者手中—在线确认和评价。快递传输商品一般是网购中不可缺少的一环，中国快速发展的互联网消费市场带动了物流快递行业的飞跃，快递业务量越大的省份在很大程度上也代表该省份的网购量大。本节中全国网络零售交易规模与全国快递业务量的相关系数达到了0.9931，网购规模与快递业务量之间密切相关，说明以全国网络零售交易规模乘以各省份快递业务量占全国快递业务量的比重代表各省份网购额的方法是可行的。

在控制变量中，利率选取一年期定期存款利率，由于在某些年份利率经过多次调整，本节根据每个利率在所在年度中的执行天数进行加权得到最终的年度利率。各省份总抚养比2010年数据缺失，本节采用2009年以及2011年两年的均值代替。

2. 不同互联网经济水平下居民消费情况描述

为方便分析，将综合排序在前15位的省份属于互联网经济水平高的地区简称为地区1，综合排序在后16位的省份属于互联网经济水平低的地区简称为地区2。图4-5的数据处理过程如下：将地区1内的15个省份作为一个整体，地区2内的16个省份作为一个整体，在每一个年度内将各个整体中的网购额、居民总消费等数值取均值，得到衡量这个地区水平的相关数值。

如图4-5所示，中国的网购规模在近几年得到了快速发展，全国网络零售市场交易规模在2007年为520亿元，到2014年达到了28211亿元，增长为2007年的54.3倍。地区1的网购额在2007年仅为29.77亿元，2014年已经增至1709.599亿元，是2007年的57.4倍。地区2的网购额在2007年仅为4.585亿元，2014年为160.3441亿元，是2007年的35倍，无论是总量还是增幅都低于地区1。同一时期的全国居民总消费支出在这期间虽然也一直是增长状态，从2007年的99793.30亿元增至2014年的242927.40亿元，每年以10%甚至20%的增长率增长，但远远比不上网购额的增幅，且居民总消费支出占GDP的比例一直变动不大，2007年该比例是37%，到2014年为37.9%，

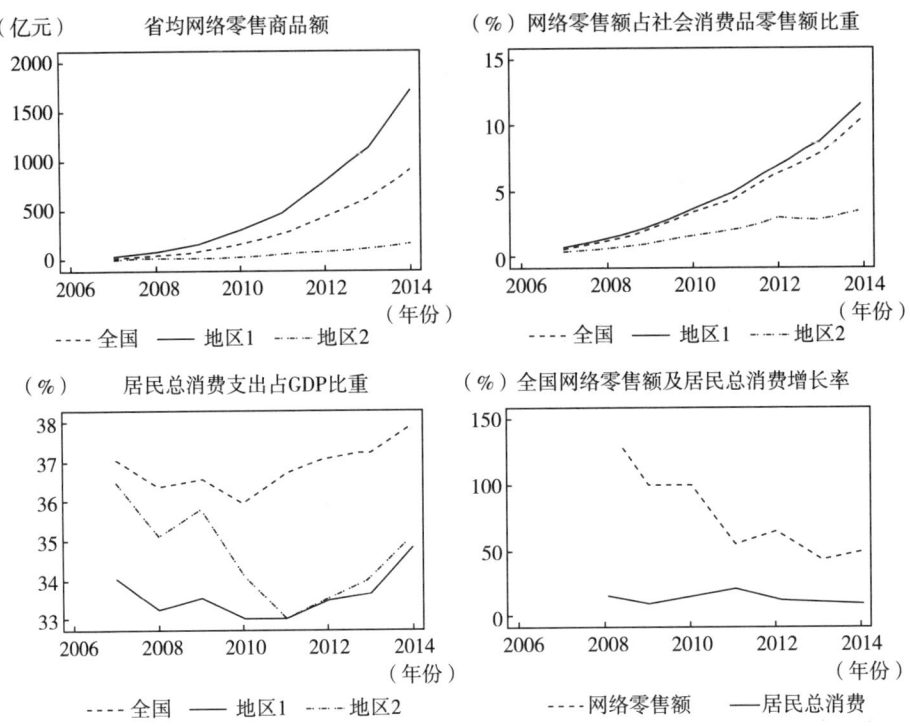

图 4-5　2007~2014 年不同互联网经济水平地区的网购与居民总消费情况

在这期间，最低时是 2010 年的 35.9%。地区 1 的居民最终消费支出在 2007 年是 4616.163 亿元、2014 年达到 11483.14 亿元，增幅为 148.8%；地区 2 的居民最终消费支出在 2007 年是 1654.389 亿元，2014 年达 4275.134 亿元，增幅为 158.4%，略高于地区 1。

　　从 2007 年起，网络零售额占社会消费品零售额比重无论是在互联网经济水平高的地区或是互联网经济水平低的地区都呈不断增长的趋势，增幅迅猛的趋势在互联网经济水平高的地区（地区 1）尤为明显。而且在地区 1 网络零售额占社会消费品零售额比重与地区 2 之间存在一定的差距，在 2007 年的时候两个地区的网络零售额占社会消费品零售额比重都很小，两者的差距并不大（地区 1 的比重是 0.63%，地区 2 的比重是 0.34%），但随着时间的推移，此差距不断扩大，地区 1 的网络零售额占社会消费品零售额比重快速增长，地区 2 的网络零售额占社会消费品零售额比重缓慢增长，到 2014 年，地区 1 的比重达到了 11.53%，地区 2 的比重仅为 3.43%。所以，中国的网络零售市场自 2007 年以来得到了快速发展,而互联网经济水平较高的地区更容易得到推广。

无论是全国范围内还是在地区1或是地区2,居民总消费支出占GDP的比重在2007年至2014年都呈现出一个先下降后上升的趋势①,但整体变化都不大,在33%~38%变动。其中,地区2(互联网经济水平较低的地区)的该比重要大于地区1,所以,在样本期间,居民消费倾向变化不大,而且在互联网经济水平较低的地区,居民的消费倾向较大。

近年来中国的网购发展迅猛,网购增长率远远高于居民总消费增长率,在消费倾向变化不大的情况下,网购依然以不可阻挡之势发展。无论在互联网化水平高还是低的地区,都呈现出此种趋势。

3. 实证结果及分析

本节回归所涉及的变量、变量含义及基本统计量如表4-8所示。

表4-8 回归变量的含义及基本统计量

变量	变量含义	均值	标准差	最小值	最大值
hcons	居民消费总支出	5233	4525	90.84	26263
Eresale	网购额	313.9	761.5	0.625	6781
GDP	生产总值	15452	13239	341.4	67810
lnhcons	居民消费支出对数	8.148	1.060	4.509	10.18
lntcons	最终消费支出对数	8.521	0.968	5.485	10.43
lnEresale	网购额对数	4.200	1.836	-0.470	8.822
CPI	居民消费价格指数	103.4	2.126	97.65	110.1
lnGDP	GDP对数	9.235	1.038	5.833	11.12
raiser	总抚养比	35.49	6.518	19.27	55.09
rate	利率水平	3.021	0.510	2.250	3.920
lnfisexpend	地方财政支出对数	7.678	0.726	5.488	9.122

本节的基本计量模型设计如下:

---

① 图4-5中的全国居民消费及GDP相关数据是从Wind资讯中直接获得,并非根据各省份的数据加总,而各省份的数据加总与全国数据之间存在着一定的差距,导致图中的全国居民消费支出占GDP比重比地区1及地区2的比重都高。

互联网经济下居民消费与金融投资行为研究

$$\ln hcons_{i,t}=\alpha+\beta_1\ln Eresale_{i,t}+\sum_{j=2}^{n}\beta_j X_{i,t}+\varepsilon_{i,t} \qquad (4-5)$$

其中，$X_{i,t}=[cpi_{i,t},\ln GDP_{i,t},raiser_{i,t},rate_{i,t},\ln fisexpend_{i,t}]$，$i$ 表示地区，t 表示年份。为进一步验证网购对总消费支出的影响，本节还设置了以各地区最终消费支出为被解释变量的回归模型，其中，各地区最终消费支出=居民总消费支出+政府总消费支出。

本节采用固定效应模型回归，采用固定效应模型的原因是，在固定效应模型中，允许未被观测到的变量同任何一个已被观测到的变量之间存在相关关系，并将未被观测到的变量当作固定的参数进行处理；而在随机效应模型中，未被观测到的变量与已被观测到的变量之间要在统计上相互独立。因而固定效应模型的估计结果因受到被忽略变量的影响而产生偏差的机会较小，能够控制未被观测的非时变量的潜在干扰。而且通过 F 检验判定固定效应适应于本节的分析。

为减少异方差性的干扰，本节对居民消费支出、地区总消费支出、网络零售商品交易额、GDP 以及地方财政支出这五个变量取对数，降低数据走势的波动幅度。估计结果如表 4-9 所示，由于异方差性的存在会使估计系数的方差（标准差）被低估，从而导致估计系数的显著性被扩大，t 检验失效。为避免回归系数标准差被低估而显著性被夸大的情况，表 4-9 中的模型均采用了稳健标准误回归的结果。表 4-9 中的模型 1、模型 2、模型 3 是利用固定效应模型对解释变量和居民总消费支出对数进行估计的结果；模型 4、模型 5、模型 6 是将地区总消费支出对数作为被解释变量进行固定效应估计的结果。其中，模型 1 和模型 4 对应的是全国 31 个省份的总体回归，模型 2 和模型 5 对应的是互联网经济水平程度较高的 15 个省份的回归结果，模型 3 和模型 6 对应的是互联网化经济水平程度较低的 16 个省份的回归结果。

表 4-9　互联网经济下居民总消费增加的实证结果

	(1)	(2)	(3)	(4)	(5)	(6)
	模型 1	模型 2	模型 3	模型 4	模型 5	模型 6
	lnhcons	lnhcons	lnhcons	lntcons	lntcons	lntcons
lnEresale	0.040**	0.046*	0.011	0.046**	0.048**	0.029
	[0.029]	[0.098]	[0.743]	[0.015]	[0.043]	[0.434]

续表

	(1) 模型1 lnhcons	(2) 模型2 lnhcons	(3) 模型3 lnhcons	(4) 模型4 lntcons	(5) 模型5 lntcons	(6) 模型6 lntcons
CPI	-0.008*** [0.002]	-0.003 [0.327]	-0.012*** [0.001]	-0.005*** [0.005]	-0.003 [0.190]	-0.007*** [0.006]
lnGDP	0.894*** [0.000]	0.994*** [0.000]	0.908*** [0.000]	0.850*** [0.000]	0.935*** [0.000]	0.850*** [0.000]
Raiser	0.002 [0.522]	0.006 [0.184]	-0.002 [0.770]	0.000 [0.884]	0.003 [0.466]	-0.002 [0.659]
Rate	0.022*** [0.006]	0.013 [0.300]	0.029** [0.011]	0.020*** [0.003]	0.015 [0.109]	0.022** [0.032]
Lnfisexpend	-0.057 [0.344]	-0.125 [0.393]	-0.027 [0.580]	-0.053 [0.397]	-0.108 [0.281]	-0.028 [0.702]
_Cons	0.794 [0.177]	-0.189 [0.870]	1.125 [0.165]	1.329** [0.022]	0.702 [0.407]	1.495* [0.100]
N	248	120	128	248	120	128
R^2_a	0.976	0.975	0.979	0.980	0.982	0.979
F	403.121	253.173	268.507	499.945	411.739	261.357

注：括号里是 p 值；***、**、* 分别表示在 1%、5%、10%的显著水平下显著。

实证结果显示：全国以及互联网经济水平高、低两个地区的调整 R^2 都达到了 0.97 以上，说明模型的拟合优度较高。

由模型 1 可以看出，网购的增加能够显著地促进居民总消费水平，网购每增长一个百分点，居民总消费支出会增加 0.04 个百分点。由模型 2 可以看出，在互联网经济水平较高的地区，网购也能够显著地促进居民总消费水平，网购每增长一个百分点，居民总消费支出会增加 0.046 个百分点。而从模型 3 中则可得出网购与居民总消费支出之间并没有显著的关系。所以，互联网经济水平越高的地方，网购能够显著地促进居民消费水平的增加。即互联网经济下居民消费行为的变化能够促进总消费的增长，互联网经济水平越高，促进作用越显著。

同时，从控制变量看，GDP 与居民消费之间的关系得到进一步的验证，GDP 增长能显著地推动居民消费的增长，并且在互联网经济水平高的地区，GDP 对居民消费的推动力度要稍大些，GDP 每增长一个百分点，居民消费会增长 0.994 个百分点；相应地，在互联网经济水平低的地区，GDP 每增长一个百分点，居民消费会增长 0.908 个百分点。居民消费价格指数对消费具有负向的影响，即随着通货膨胀率的增加，居民会减少总消费支出。利率对总消费支出的影响是正向的，事实上由于制度、习惯、文化等方面的影响，中国居民的高储蓄率是一直存在的，并不会因为存款利率的变化而发生大的改变。总人口抚养比与地方财政支出对居民中消费的影响并不显著。

在模型 4、模型 5、模型 6 中，当被解释变量为地区总消费支出对数时，网购对总消费同样是在全国范围内以及互联网经济水平高的地区存在显著的促进作用。而且系数较居民总消费支出为被解释变量时稍大，说明网购除了能够促进居民消费增长外还能够诱导政府消费的增加。

从实证结果可知，互联网经济下居民总消费会增加，而且互联网经济水平越高的地区，对居民总消费支出增加的促进作用越大、越显著。互联网经济下居民消费需求的易诱发性、需求向购买行为转变的便捷性、消费预算约束改善、消费效用增加以及消费从众行为都会促进总消费增加。

第四节 互联网经济下居民消费结构的调整

随着互联网经济的发展，电子商务具有低成本、便捷性、高效率等优势，居民在互联网上购买的消费品种不断多样化，并且居民消费的预算约束被弱化，居民的消费结构也随着预算约束的弱化与可选择消费品的增加而调整。

由图 4-6 可知，居民互联网购物品种日益多元化，甚至连珠宝配饰等奢侈品也能网购。服装鞋帽一直以来都是互联网购物的主要品类，其次是日用百货。2015 年互联网购物品类中，家电作为耐用品，居民对其购买的比例上升，体现了居民消费购物观念的转变。

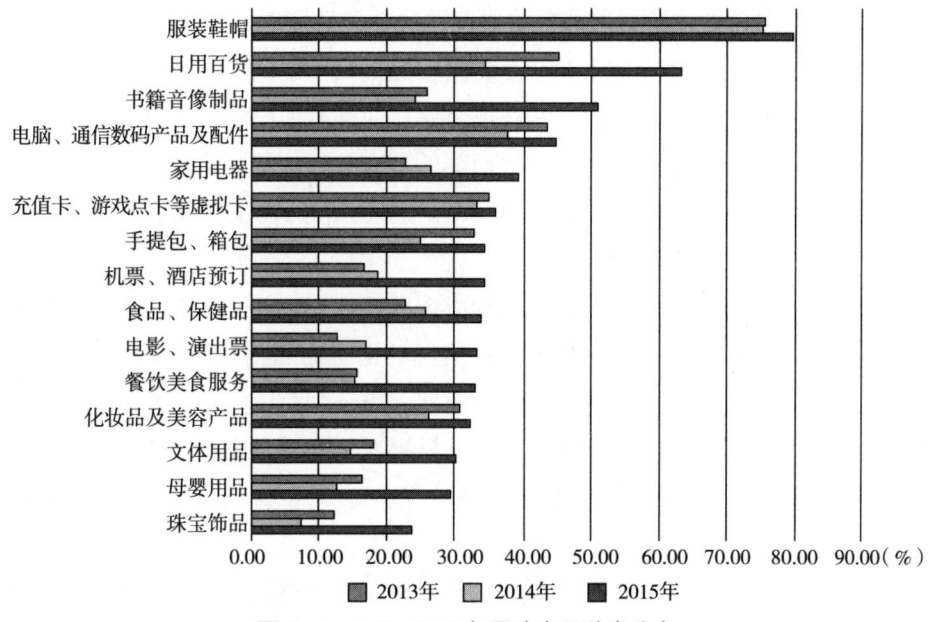

图 4-6 2013~2015 年网购商品种类分布

资料来源：CNNIC《2015 年中国网络购物市场研究报告》。

一、预算约束弱化与消费选择多样化促进居民消费结构升级

居民消费行为直接决定了消费总量和消费结构。消费结构调整和升级是经济发展过程中的一般规律，受到诸多宏微观因素的影响。需求、收入和价格是消费结构的三大决定性因素（陈建宝、李坤明，2013），互联网经济的发展对居民消费结构的影响可从这三大决定因素方面进行。

（一）消费结构调整和消费结构升级

消费结构调整指的是消费支出在各类商品和服务上的比例发生变化。消费结构升级指的是商品性消费支出比重降低而服务性消费（医疗保健、交通通信、文教娱乐）比重提高；或者是生存型消费的比重降低，享受型和发展型的消费支出比重提高。消费结构升级必然要经历消费结构调整的过程，消费结构调整是消费结构升级的必要条件，当消费结构调整沿着服务性消费支出比重提高或生产型消费支出比重降低的路径进行时，即为消费结构升级过程。

(二) 互联网经济下居民消费结构调整和升级的机理

中国互联网普及率逐年上升，互联网在经济活动中的广泛应用加快了信息的传输、提高了信息的可获得性和获取效率，使交易活动突破了时空限制、加快了交易速度、简化了中间环节，进而降低了产品的价格、丰富了交易产品的种类（李海舰等，2014）。互联网不断深入影响居民的社交和经济行为，为居民消费活动营造一个互联网经济环境。

需求、收入和价格这三大消费结构决定因素在互联网经济中受到的影响表现在：首先，获取外部信息的便利性使居民的消费需求极易受到环境的影响；其次，市场上由于企业面对的竞争日益激烈，迫于生存压力而不断进行转型升级使得价格降低，并且商品种类增多、品质提高、购买方式更便捷，为居民的消费选择、消费结构调整提供更多的支持；最后，对于收入因素的影响，可通过收入效应和总效用增加来产生作用，具体如下：

居民在一定的预算约束下根据效用最大化原则进行消费行为，对单一商品的消费遵循边际消费效用递减规律。随着在某一种商品上的消费量增加，每增加一个单位的该商品消费所带来的效用是递减的。为了实现总效用的最大化，消费者将增加其他能够为其带来更多效用的商品消费，最终使每单位货币在各种消费品中的边际消费效用相等。

$$\frac{MU_1}{P_1}=\frac{MU_2}{P_2}=\cdots=\frac{MU_i}{P_i}=MU_m \quad (4-6)$$

$$\frac{MU_1'}{P_1'}=\frac{MU_2'}{P_2'}=\cdots=\frac{MU_i'}{P_i'}=\cdots=\frac{MU_n'}{P_n'}=MU_m' \quad (4-7)$$

$$Y-S = P_1X_1 + P_2X_2 + \cdots + P_iX_i \cdots + P_nX_n \quad (4-8)$$

其中，MU_1，MU_2，$\cdots$，MU_n 表示购买第1, 2, $\cdots$, n 种商品的边际效用，P 表示价格，MU_m 表示单位货币的边际效用。式（4-6）是在传统经济环境下（不存在互联网影响）居民的边际效用，式（4-7）是在互联网经济下，商品种类大幅增加、价格降低时的情况，居民为满足自身需要可购买的商品从 i 增加到 n。Y 是收入、S 是储蓄，X 表示购买某种商品的数量，假定 Y 和 S 不变，式（4-8）表示预算约束。

在互联网经济环境中，居民消费效用和消费结构的变化可分为两种情况进行讨论。第一种情况，居民没有减少前 i 种商品的购买数量，但由于前 i 种商品价格降低,由式(4-8)可知,居民会有多余的货币去购买新增的商品种类,即收入效应;同时从式(4-6)中可得出,商品价格的降低而特定数量的商品边际效用不变时,每单位货币的边际效用增加(排除了通货膨胀的影响),此时居民总效用增加、消费结构调整。第二种情况,面对更大范围的消费选择,为使每种商品的单位货币效用相等、自身效用最大化,居民减少前 i 种商品的购买数量,将总支出(Y-S)分配到更多种类商品中,使得前 i 种商品的边际效用增加,此时无论商品价格是否降低,每单位货币的边际效用都增加,在一定的预算约束下,总效用增加。若考虑到互联网环境下的商品价格降低,则对总效用增加的影响更加明显,由式(4-6)与式(4-7)的对比可知,$MU'_i > MU_i$,而 $P'_i < P_i$,因而 $MU'_m > MU_m$,总效用增加;还同样会产生收入效应。

所以,在一定的预算约束下,由于互联网经济带来的商品低价格、多种类等优势,居民为实现消费效用最大化,会对消费结构调整,在消费结构调整的同时,随着基本消费得到满足,必然会使服务型消费(或者享受型和发展型消费)的支出增加。由于棘轮效应,消费结构调整必然会伴随着消费结构升级,因而互联网经济的发展有助于居民在追求自身效用最大化时对自身消费结构升级。同时,互联网经济的发展有助于城乡居民的就业,使就业信息更容易获取,供求双方的信息对称度提高,进一步提升居民特别是农村冗余劳动力的就业,扩大其收入水平。而收入水平的提高是消费增长、消费结构升级的基础。

二、互联网经济下居民消费结构升级的实证分析

城乡居民的消费结构随着经济的增长、收入水平的提高都得到一定程度的改善,但中国的二元经济结构特征还明显地存在,城乡差距大,互联网对城市居民消费结构和农村居民消费结构的影响应分别研究。

(一)变量选取和模型构建

1. AIDS 模型

尽管有多种方法对消费行为及消费结构进行分析,AIDS 是最常用的。因为它为任意的需求系统提供一阶近似分析;避免了非线性估计;并且具有灵活的形式而不会对弹性强加任何先验限制。因此,尽管 AIDS 模型是在微观经济理论中发展起来的,对于汇总数据,通过假定一个理性的代表性消费者合理地

分配预算，可以将其推广到总体数据（Gang Li, et al., 2004）。AIDS 模型，全称为近乎理想的需求系统（Almost Ideal Demand System），由 2015 年的诺贝尔经济学奖获得者 Angus Deaton 以及 John Muellbauer（1980）提出，研究在既定效用下使成本最小化的消费配置行为。

Deaton 和 Muellbauer 假设理性消费者的偏好符合 PIGLOG（Price Independent Generalizes Log）形式，包括消费效用和商品价格的 PIGLOG 函数可表述为：

$$\ln c(u,p) = (1-u)\ln\{a(p)\} + u\ln\{b(p)\} \qquad (4-9)$$

其中，u 表示消费效用，p 代表价格，$a(p)$ 和 $b(p)$ 分别代表基本生存消费支出和效用最大化得到满足时的支出。$a(p)$ 和 $b(p)$ 的具体形式可见 Deaton 和 Muellbauer（1980），进而成本函数可表述为：

$$\ln c(u,p) = \alpha_0 + \sum_i \alpha_i \ln p_i + \frac{1}{2}\sum_i \sum_j \gamma_{ij} \ln p_i \ln p_j + u\beta_0 \prod_i p_i^{\beta_i} \qquad (4-10)$$

由于成本函数对价格求导即为商品的需求数量 $\frac{\partial c(u,p)}{\partial p_i} = q_i$，将式（4-10）等号两边同时乘以 $p_i/c(u,p)$，可得 $\frac{\partial \ln c(u,p)}{\partial \ln p_i} = \frac{p_i q_i}{c(u,p)} = w_i$，其中，$w_i$ 表示第 i 种消费支出占总消费支出的比重即消费支出份额。成本函数对 $\ln p_i$ 取偏导可得：

$$w_i = \alpha_i + \sum_j \gamma_{ij} \ln p_j + \beta_i u \beta_0 \prod_i p_i^{\beta_i} \qquad (4-11)$$

对于一个追求效用最大化的消费者来说，总消费支出 x 与总成本 $c(u,p)$ 是相等的，根据效用与价格及总支出的关系，式（4-11）可表述为①：

$$w_i = \alpha_i + \sum_j \gamma_{ij} \ln p_j + \beta_i \ln\left(\frac{x}{P}\right) \qquad (4-12)$$

其中，$\frac{x}{P}$ 是实际支出水平，式（4-12）是 AIDS 模型的线性表达式（LA/AIDS, linear approximate almost ideal demand system），其一阶差分形式是：

$$\Delta w_i = \sum_j \gamma_{ij} \Delta \ln p_j + \beta_i \Delta \ln\left(\frac{x}{P}\right) \qquad (4-13)$$

---

① 具体推导可见 Deaton A., Muellbauer J.. An Almost Ideal Demand System [J]. The American Economic Review, 1980, 70 (3): 312–326。

2. 对 AIDS 模型的拓展

AIDS 模型能够将其他的经济特征变量容纳进来，且具有较强的解释能力（谭涛等，2014）。为考察互联网对消费结构的影响，本节在 AIDS 模型的基础上放宽约束条件，引入互联网经济因素：

$$w_i = \alpha_i + \sum_j \gamma_{ij}\ln p_j + \beta_i \ln\left(\frac{x}{P}\right) + \delta_i \ln int \quad (4-14)$$

int 代表互联网经济发展指标，$\ln int$ 表示其对数形式，式（4-14）的一阶差分形式是：

$$\Delta w_i = \sum_j \gamma_{ij}\Delta\ln p_j + \beta_i \Delta\ln\left(\frac{x}{P}\right) + \delta_i \Delta\ln int \quad (4-15)$$

通过差分，不仅可以消除序列自相关还能够将理论模型中的消费品价格水平转化为消费品价格指数（胡日东等，2014）。由于各省份不同类消费品的价格水平数据难以获得，本节借鉴胡日东等对 AIDS 模型的处理方法，将加入互联网基尼因素的线性 AIDS 模型进行差分处理。其中，差分式（4-15）中的 $\Delta\ln p_j$ 即为商品的价格指数对数，价格指数用 pi 表示。

$$\Delta\ln p_j = \ln p_{j,t} - \ln p_{j,t-1} = \ln \frac{p_{j,t}}{p_{j,t-1}} = \ln pi_{j,t} \quad (4-16)$$

$$\Delta\ln\left(\frac{x}{P}\right) = \ln \frac{x_t}{P_t} - \ln \frac{x_{t-1}}{P_{t-1}} = \ln \frac{x_t}{x_{t-1}} - \ln \frac{P_t}{P_{t-1}} \quad (4-17)$$

式（4-17）中，$\ln \frac{x_t}{x_{t-1}} = \ln x_t - \ln x_{t-1} = \Delta\ln x_t$；本节的 P 采用 Stone 价格指数，即 $P = \sum_i w_i \ln p_i$，所以：

$$\ln \frac{P_t}{P_{t-1}} = \ln P_t - \ln P_{t-1} = \sum_i w_{i,t}\ln p_{i,t} - \sum_i w_{i,t-1}\ln p_{i,t-1}$$
$$= \sum_i w_{i,t}(\ln p_{i,t} - \ln p_{i,t-1}) + \sum_i (w_{i,t} - w_{i,t-1})\ln p_{i,t-1} \quad (4-18)$$

胡日东等（2014）认为，居民的消费惯性使 $w_{i,t}$ 和 $w_{i,t-1}$ 基本相等，所以式（4-18）约等于 $\sum_i w_{i,t}(\ln p_{i,t} - \ln p_{i,t-1}) = \sum_i w_{i,t}\ln pi_{j,t}$。

最终，加入互联网因素的 AIDS 模型可以用下式表示：

$$\Delta w_i = \sum_j \gamma_{ij}\ln pi_j + \beta_i(\Delta\ln x_t - \sum_i w_{i,t}\ln pi_{j,t}) + \delta_i \Delta\ln int_i \quad (4-19)$$

式（4-19）即为本节的实证模型。其中，$(\Delta\ln x_t - \sum_i w_{i,t}\ln pi_{j,t}) \approx \Delta\ln\left(\frac{x}{P}\right)$。

3. 估计方法

对于静态面板模型，常用的回归方法是固定效应、随机效应和混合 OLS 回归。Blanciforti 等（1986）指出最小二乘法（OLS）和似不相关回归（SUR）适用于线性 AIDS 模型。由于本节的多个消费支出方程中可能存在不可观测的因素影响，使方程的扰动项相关，选择似不相关回归能提高估计的有效性，而 AIDS 模型中各消费支出份额（被解释变量）相加为 1，干扰项的同期协方差是奇异的，在运用似不相关回归方法时需要删除一个方程。

（二）实证结果及分析

1. 数据来源及说明

由于互联网普及率是互联网经济发展的基础，本节以互联网普及率作为互联网经济的代理变量。各省份城乡居民的消费支出数据、互联网上网人数以及总人数等数据来源于国泰安数据库，各省价格指数数据来源于《中国城市（镇）生活和价格年鉴》以及《中国价格统计年鉴》①。价格指数的缺失数据由中国经济与社会发展统计数据库补充，无法补充的由前后两期的均值来替代。北京、天津、上海和重庆四个直辖市没有农村价格指数，因而在农村实证部分排除了这几个行政直辖市，仅包括 27 个省份。样本区间选取为 2003 年至 2014 年。

中国统计局将中国居民的消费结构分为八大类：食品、衣着、居住、家庭设备及用品、交通通信、文教娱乐、医疗保健以及其他。本节首先分析互联网对这八大类消费的影响，其次根据马克思的需求偏好理论将这八大类消费划分为生存型、享受型和发展型消费来进行探讨。

2. 八大类消费

由于八大类消费占总消费的比重之和为 1，为避免共线性问题，在似不相关回归估计时删除了第八类——其他商品和服务的回归方程。回归中 $pi1$ 至 $pi8$ 分别代表城市食品、衣着、居住、家庭设备用品、医疗保健、交通通信、文教娱乐以及其他消费的消费价格指数，ln 表示取对数。其他商品与服务的消费价格指数（$pi8$）相关数据缺乏，本节以整体水平的消费价格指数代替。

由表 4-10 可知，互联网经济对城市居民的食品消费、衣着消费、居住消

---

① 《中国城市（镇）生活和价格年鉴》在 2013 年后改名为《中国价格统计年鉴》。

费、家庭设备的支出份额具有显著的影响,其中,对居住消费支出的影响为负,对其他几类消费的影响为正。在5%的显著水平下,互联网经济发展对食品消费支出和家庭设备消费支出的影响显著,对衣着消费和居住消费的影响则在10%的显著水平下显著。即互联网经济会促使城市居民的食品、衣着和家庭设备的消费支出比重,而降低居住消费支出的比重。

表4-10 互联网经济对城市居民消费结构影响的回归结果

	食品	衣着	居住	家庭设备用品	医疗保健	交通通信	文教娱乐
互联网	0.014 **	0.008 ***	-0.034 ***	0.005 **	-0.000	0.007	-0.003
	[0.020]	[0.008]	[0.007]	[0.014]	[0.995]	[0.208]	[0.475]
$\ln pi1$	-0.076 ***	-0.003	0.047	0.015 **	-0.001	0.031 *	-0.004
	[0.000]	[0.712]	[0.223]	[0.015]	[0.883]	[0.052]	[0.765]
$\ln pi2$	-0.117 ***	-0.050 ***	0.162 **	-0.009	0.008	-0.003	0.027
	[0.000]	[0.002]	[0.016]	[0.423]	[0.529]	[0.906]	[0.269]
$\ln pi3$	-0.038	0.041 **	-0.052	0.004	0.004	0.049	-0.015
	[0.259]	[0.018]	[0.469]	[0.714]	[0.785]	[0.106]	[0.563]
$\ln pi4$	-0.039	-0.014	0.185	-0.000	0.023	-0.070	-0.083 *
	[0.481]	[0.634]	[0.116]	[0.991]	[0.322]	[0.155]	[0.053]
$\ln pi5$	-0.078	0.022	-0.033	0.037 **	-0.030	0.101 **	-0.010
	[0.124]	[0.400]	[0.761]	[0.034]	[0.164]	[0.026]	[0.797]
$\ln pi6$	-0.243 ***	-0.032	0.272 **	0.058 ***	-0.036	-0.015	0.040
	[0.000]	[0.307]	[0.033]	[0.005]	[0.153]	[0.779]	[0.397]
$\ln pi7$	-0.255 ***	-0.102 ***	0.589 ***	-0.031	0.050 **	-0.153 ***	-0.028
	[0.000]	[0.001]	[0.000]	[0.111]	[0.037]	[0.002]	[0.523]
$\ln pi8$	0.704 ***	0.001	-0.384 **	-0.052 **	0.001	-0.272 ***	-0.020
	[0.000]	[0.974]	[0.015]	[0.039]	[0.971]	[0.000]	[0.734]
$\Delta\ln(x/P)$	-0.175 ***	-0.009	0.125 ***	0.023 ***	0.008	0.055 ***	-0.016
	[0.000]	[0.403]	[0.003]	[0.001]	[0.341]	[0.002]	[0.305]
常数项	-0.170	0.579 ***	-3.022 ***	0.003	-0.053	1.786 ***	0.362
	[0.663]	[0.005]	[0.000]	[0.983]	[0.752]	[0.000]	[0.239]

注:括号里是p值;***、**、*分别表示在1%、5%、10%的显著水平下拒绝回归系数为零的原假设。

由表4-11的回归结果可知,互联网经济对农村居民的食品消费、居住消费、医疗保健消费和交通通信消费具有显著的影响,并且只有对居住消费的影响为正,对其他的消费影响为负,在1%的显著水平下,互联网经济对农村居民居住消费具有显著影响,在5%的显著水平下,互联网经济对农村居民的食品消费和交通通信消费具有显著影响,对医疗保健消费支出的影响则在10%的

表4-11 互联网经济对农村居民消费结构影响的回归结果

	食品	衣着	居住	家庭设备用品	医疗保健	交通通信	文教娱乐
互联网	-0.029*** [0.001]	0.000 [0.900]	0.044*** [0.000]	0.002 [0.317]	-0.005 [0.119]	-0.010*** [0.008]	-0.005 [0.334]
ln$pi1$	0.023 [0.684]	-0.013 [0.285]	0.028 [0.685]	0.004 [0.746]	0.015 [0.497]	-0.047* [0.059]	-0.001 [0.983]
ln$pi2$	-0.037 [0.527]	0.010 [0.434]	0.011 [0.881]	-0.019 [0.136]	0.002 [0.923]	-0.017 [0.520]	0.023 [0.526]
ln$pi3$	-0.127** [0.013]	-0.003 [0.763]	0.156** [0.011]	-0.019* [0.074]	0.050** [0.011]	-0.042* [0.062]	-0.012 [0.703]
ln$pi4$	-0.156 [0.122]	-0.013 [0.546]	0.191 [0.116]	0.031 [0.148]	-0.028 [0.474]	-0.035 [0.433]	0.034 [0.575]
ln$pi5$	-0.078 [0.135]	0.002 [0.834]	0.060 [0.343]	0.014 [0.219]	0.018 [0.370]	-0.008 [0.720]	-0.011 [0.722]
ln$pi6$	-0.169* [0.071]	0.039* [0.056]	0.078 [0.490]	0.047** [0.018]	0.019 [0.602]	0.037 [0.367]	-0.060 [0.293]
ln$pi7$	-0.057 [0.183]	0.009 [0.345]	-0.040 [0.437]	0.009 [0.344]	0.005 [0.771]	-0.001 [0.972]	0.078*** [0.003]
ln$pi8$	0.570*** [0.000]	-0.009 [0.776]	-0.361** [0.037]	-0.033 [0.275]	-0.107* [0.054]	0.050 [0.427]	-0.123 [0.160]
$\Delta \ln(x/P)$	-0.176*** [0.000]	-0.015*** [0.001]	0.133*** [0.000]	-0.001 [0.832]	0.003 [0.716]	-0.020** [0.026]	0.087*** [0.000]
常数项	-0.663 [0.284]	-0.167 [0.215]	0.031 [0.966]	-0.157 [0.234]	0.137 [0.568]	0.205 [0.451]	0.723* [0.055]

注:括号里是p值;***、**、*分别表示在1%、5%、10%的显著水平下拒绝回归系数为零的原假设。

显著水平下显著。即互联网经济会促使农村居民居住支出的比重，而降低食品、医疗保健和交通通信的支出比重。

结合互联网经济对居民消费结构影响的机理可知：互联网对城市居民各类消费支出影响的显著性要大于农村居民；从影响系数来看，互联网在促进服务性消费支出（医疗保健、交通通信、文教娱乐）份额的增加方面，对城市居民的影响要大于对农村居民的影响。所以，互联网能够作用于城乡居民消费结构的调整，而且对城市居民消费结构升级的促进作用明显要大于农村。

3. 三大类消费

为进一步分析互联网经济对城乡居民消费结构升级的影响及差异性，将消费结构分为三大类消费——生存型消费、享受型消费和发展型消费。生存型消费指的是居民为解决生存、温饱问题，满足生理需求，而在吃、穿以及居住方面的消费；享受型消费指的是居民为满足舒适、享受、快乐方面的需求而产生的消费；发展型消费是为了自身未来更好地发展而进行的消费，如健康消费和教育消费。一般来说，只有在生存型消费得以满足之后，居民才会产生享受型和发展型的需求，生存型消费比重降低、享受型和发展型消费的比重增加代表了居民消费水平提高、消费结构优化。随着经济发展、居民收入水平的提高，可用于满足享受型和发展型需求的支出会增加。

本节的生存型消费包括食品消费、衣着消费和居住消费，享受型消费包括家庭设备用品及维修服务支出和交通通信支出，发展型消费包括医疗保健消费和文教娱乐消费。以各消费品的比重为权重乘以自身的消费价格指数得到生存型、享受型和发展型的消费价格指数。例如，城市生存型消费加权价格指数=城市居民食品消费的比重×食品消费价格指数+城市居民衣着消费的比重×衣着消费价格指数+城市居民居住支出比重×居住价格指数。为了避免共线性的存在，在这种分类下同样删除了其他商品和服务的消费支出回归式，ln 表示取对数。

由表 4-12 可知，互联网经济对城市居民消费结构和农村居民消费结构的影响存在较为明显的差别——促进城市居民的享受型消费而促进农村居民的生存型消费，这也在一定程度上映射了中国城乡居民的消费差距，农村居民还是以生存型消费为主（肖立，2012）。互联网经济对城乡居民消费结构的促进效应不一致也体现了城市居民先于农村居民的生存型消费得到满足、进入消费结构升级阶段。

表 4-12 互联网经济对城乡三大类消费影响的回归结果

	(城市)生存型消费	(城市)享受型消费	(城市)发展型消费	(农村)生存型消费	(农村)享受型消费	(农村)发展型消费
互联网	-0.026*** [0.000]	0.025*** [0.000]	-0.007 [0.142]	0.013* [0.053]	-0.007 [0.133]	-0.010* [0.093]
ln(生存型消费价格指数)	0.036 [0.189]	0.024 [0.222]	-0.033* [0.054]	0.062* [0.084]	0.008 [0.708]	-0.052* [0.082]
ln(享受型消费价格指数)	-0.020* [0.064]	0.043*** [0.000]	-0.016** [0.018]	-0.006 [0.573]	0.015** [0.031]	-0.004 [0.703]
ln(发展型消费价格指数)	-0.016* [0.085]	0.008 [0.253]	0.010 [0.101]	0.005 [0.508]	-0.000 [0.927]	0.00 [0.976]
ln(其他消费价格指数)	0.204*** [0.004]	-0.228*** [0.000]	-0.004 [0.934]	0.167** [0.028]	-0.119** [0.013]	-0.076 [0.230]
Δln(x/P)	-0.018 [0.483]	0.062*** [0.001]	-0.025 [0.105]	-0.048*** [0.003]	-0.019* [0.061]	0.077*** [0.000]
常数项	-1.055*** [0.000]	1.088*** [0.000]	0.054 [0.768]	-1.265*** [0.000]	0.394*** [0.008]	0.936*** [0.000]

注：括号里是 p 值；***、**、* 分别表示在1%、5%、10%的显著水平下拒绝回归系数为零的原假设。

互联网经济普及带来的低价格、多品种、便捷性优势会促进更高一层的消费支出增加，使城市居民服务性消费或享受型消费份额变大。互联网经济对城市生存类消费的影响显著为负，对享受型消费的影响显著为正；而对于收入水平和总体消费水平都还较低的农村居民来说，互联网发展带来的低成本、便捷、消费选择范围大等优势还主要体现在生存型消费的影响上，农村居民在生存类消费上的份额增加则受益于互联网经济的发展。对于农村居民来说，在传统经济环境下，由于人口集中度低，商场、商店等贸易设施缺乏，消费行为进行得不够，即使是生存型消费品的购买都可能严重地受制于商店的物理位置与出行的便利程度。在互联网经济的影响下，电子商务迅速地发展起来，购买范围的限制被打破，对于收入较低的农村居民，首先应该是要满足需求最大、最为紧迫的生存类消费。只有在生存型消费需求都得到满足后，才会使其他的消费增加。在现阶段，互联网经济对农村居民的生存型消费份额增加具有显著影响,而享受型和发展型消费的支出比重是要生存型消费得到满足后才会增加。互联网经济对农村居民各类消费的促进作用还不足的一个客观原因是农村的互联网基础设施的完善程度不如城市;而且受制于收入水平,很多农村居民还没有电脑等终端,也未能联网。随着农村互联网普及情况的不断改善,互联网经济对农村居民消费结构影响的巨大潜力会不断发挥出来。

第五节 居民消费行为变化的经济效应

一、正效应:推动经济增长、促进经济结构升级

(一) 推动经济增长

在中国经济发展的现阶段,投资和出口对实体经济增长的拉动作用有限,消费的重要性日益突出。居民消费总量的增加和消费结构的升级促进实体经济生产规模和生产结构的调整,从而推动经济增长。

居民消费总量增加对实体经济具有直接拉动作用与间接推动作用。在互联网经济下,居民消费的便捷度得到了提升、消费选择多样化和个性化、消费行为具有从众性、支付方式虚拟化,同时消费价格及交易成本降低,缓解预算约束和提高交易效率,对居民消费总量具有促进作用,消费总量增加,经济总量也会提高(见图4-7);并通过消费乘数效应,拉动实体经济的增长。

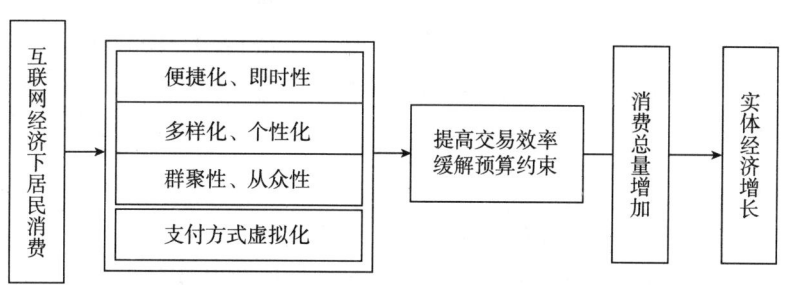

图4-7 互联网经济下居民消费行为对实体经济增长的作用机制

1. 直接作用

居民消费行为变化对经济增长的直接拉动作用是指消费作为经济增长中的"三驾马车"之一，是 GDP 的主要组成部分，消费的增长必然推动经济增长。这种直接的促进作用体现在国民收入恒等式中：GDP＝C+I+G+E，居民消费本身就是 GDP 的组成部分，消费增长了多少，对应的 GDP 就会增长多少。

互联网经济的发展使商品的交易打破空间和经济区域壁垒，同一类商品能够同时向各个地区的消费者销售。商品以及服务的数量、质量范围大幅增加，各个地区之间的商品销售差距缩小。经济发达地区和欠发达地区、大城市和农村的消费者可以接触同一个市场，购买同样的商品，激发之前实体销售市场发展不足的欠发达地区的消费能力。在大数据和信息挖掘技术的支持下，个性化需求信息更容易获得，有利于企业将相似和相同的个性化需求信息汇总并进行大规模生产，各类个性化需求得到满足，促进居民消费能力的释放。互联网商品价格较低的优势不仅改善了居民的预算约束，还契合了中国整体居民收入水平偏低的现状，有利于促进中国中低收入水平居民的消费，从而直接拉动实体经济的增长。此外，不受时空限制的便捷交易方式以及极易受环境影响的从众消费心理都可能会使居民增加消费支出，通过居民消费的增加直接促进实体经济的增长。

2. 间接作用

居民消费对实体经济增长的间接促进作用主要是指由居民消费增加与实体经济投资所产生的乘数效应和加速数效应，消费增加带动投资增长，投资增长进一步带动收入与消费的增加，通过消费与投资之前的互相带动作用，推动经济的倍数增长。而且由消费增加作为起点带动的经济增长与由投资增加带动的经济增长相比更加稳固，是以满足最终消费为目的的增长。

居民消费的增长对实体经济的拉动作用受资源约束的限制，当市场上的资源已被充分利用时，消费需求的增长对实体经济的作用有限，供给小于需求，反而可能会造成通货膨胀。但互联网技术的广泛应用，提高了各种资源的利用效率，在一定程度上缓解了经济增长资源约束，为消费促进实体经济增长创造了良好的环境。

（二）促进经济结构升级

消费结构调整和升级是居民消费行为的重要内容，具有巨大的潜力，能够成为产业结构升级、经济增长和转型的强大动力。消费结构与经济结构之间存在相互依存的关系，经济结构的发展水平直接对居民的消费水平和消费结构构成约束，居民消费以及消费结构的变化同时也拉动了产业结构和经济结构的变化，进而促进经济结构调整和整个宏观经济的稳定。随着经济的发展，生产力水平的提高、科技的不断进步，这两者之间的关系则主要表现为居民消费结构引导经济结构的变化。居民消费结构变化会改变追求利润最大化企业的生产决策、引导企业的生产投资方向，使市场资源重新配置。棘轮效应的存在使消费结构只能朝着更高级的方向演变，从而能够在消费需求这一端倒逼产业结构调整、推动经济结构优化升级。

随着居民收入的提高，根据马斯洛需求层次理论，人的需求层次从低到高分别是生理需求、安全需求、归属和爱的需求、自尊需求、自我实现需求。当低层次的需求得到满足后，人们就需要对较高层次的需求进行追求。用等式 $Y-S=P_1X_1+P_2X_2+\cdots+P_iX_i+\cdots+P_nX_n$ 描述居民消费需求的变化，对于单个居民来说，其生理需求的满足需要 i 种商品，市场上就形成了与这 i 种商品生产相关的企业及产业结构。当基本的生理需求得到满足后，随着居民可支配收入的增加以及社会生产力的提高，更高层次的需求产生，这些需求得到满足需要 n 种商品，需求层次不断提高，n 不断增加，居民购买的商品种类增加，促使市场上的企业生产多样化。在消费者和供给者相互影响的过程中，产业结构改变，继而经济结构改变。

消费结构变化引起各种资源在不同部门及行业之间重新分配，通过价格机制来引导产业结构进而经济结构的变化。根据经济学的供求理论，居民消费需求变化使得各种商品的价格发生变化，需求高的商品价格上涨，需求低的商品价格下降。价格的变动会直接对企业的生产决策产生影响，追求利润最大化的企业会根据市场上的价格变量来调整生产，对价格高的产品增加生产量，而减少价格低的产品的生产。使资金、劳动力等资源投向价格上涨的领域，资源就会从收益低的产业流向收益高的产业，资源在部门之间、产业之间不断地调整，实现产业结构与经济结构的调整（见图4-8）。

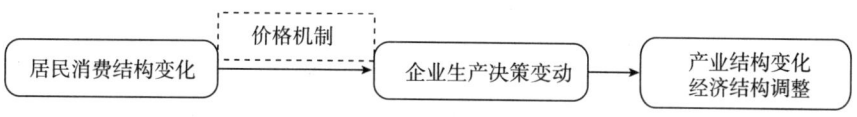

图4-8 居民消费结构变化的经济结构调整效应

同时，企业生产活动的不断调整、产业结构与经济结构的持续升级为居民提供了更多可选择的商品，居民的消费选择自由度增加，为居民在消费过程中实现最大化效用提供条件，进一步促进居民消费结构升级。消费结构升级与经济结构升级之间存在着循环促进、相互协调的关系。消费结构变化对经济结构存在着诱导效应，即通过消费结构的变化诱导经济结构的变化；经济结构对消费结构存在着制约效应，即消费结构的变化需要在经济结构生产状况约束与资源限制，新产业、新产品的出现引导消费结构的变化。

在互联网经济下，各类创新涌现，大大小小的创新在互联网环境下更容易实现，新的产品、个性化的产品持续面世，不断地丰富居民的消费选择，为居民消费结构的变化奠定了十分便利的基础环境；资金等要素流动效率的提高为消费结构升级作用于经济结构优化的机制畅通提供了保障。

二、负效应：消费行为变化的通货膨胀效应

互联网经济具有的消费需求实现便捷化、商品价格低廉等特性，使居民特别是年轻的消费者容易产生非理性消费行为，例如网购成瘾、超前消费和过度消费。居民消费行为的从众性虽然在一定程度上会促进总消费的增长，从而有助于实体经济总量增加，但也会增加经济的波动性，可能导致通货膨胀和经济过热。

超前消费是指居民的消费支出超过自己的当期收入，通过借贷的方式来满足消费需求。适当的超前消费有助于实体经济的增长和金融市场活力的提升。但当超前消费过度发展，成为过度消费时，会导致通货膨胀和经济过热。互联网经济下，居民的消费借贷更为便捷，可得性也大幅增加，例如支付宝用户不需要任何申请和手续即可享受阿里巴巴集团下蚂蚁花呗的购物信用额度；居民根据特定的目的可在 P2P 平台和众筹平台上快速地实现借贷和融资。而且互联网购物环境容易引发居民的消费需求，使居民超前消费更容易实现。一方面促进了金融特别是互联网金融的进一步发展和实体经济的繁荣；另一方面，也为经济埋下隐患。

当居民具有过度消费需求而实体经济的生产能力有限时，就会出现大量货币追逐有限商品的现象，导致经济过热并出现通货膨胀。如图 4-9 所示，居

民消费过度时，实体经济的投资需求旺盛，然而由于居民在金融投资方面的缩减，会导致金融系统内可配置的资金总量不足，进而实体经济生产投资所需的资金得不到满足，实体经济增加产出的活动受阻。但居民消费需求持续增加，产品的供求失衡，产品价格上涨，通货膨胀出现，引起经济的波动。

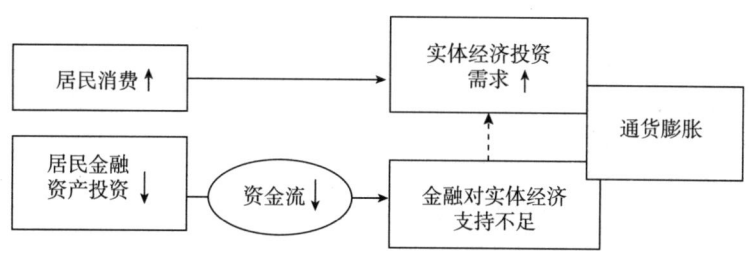

图 4-9 过度消费的作用路径

虽然中国现在处于内需不足、鼓励消费的阶段，但如果居民过度消费，以致可支配收入全部用于消费甚至还通过消费信贷的方式透支未来的收入，那么储蓄就不足，整个经济的投资就会出现问题，经济由于不能自行积累资本而难以可持续发展，导致通货膨胀、经济萎缩。如图 4-10 所示，当居民过度消费、金融投资不足时，导致整个经济运行过程中的生产投资不足，供给曲线向左平移，经济均衡点由 E 点移至 E′点，不仅经济产出减少，还会导致通货膨胀。

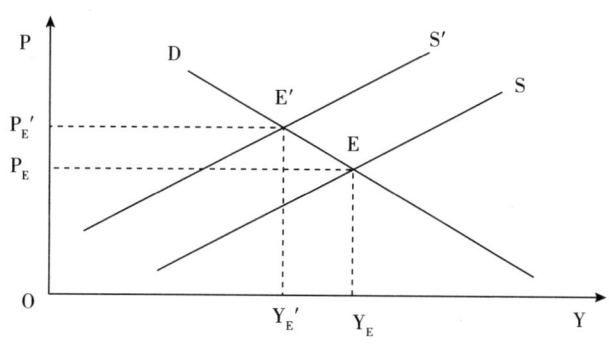

图 4-10 过度消费的后果

第五章 互联网经济下的居民金融投资行为

第一节 居民金融投资行为概况

一、居民金融投资行为演变的逻辑

金融投资行为最终是为消费行为服务的,居民金融投资行为的最终目标是实现跨期消费效用最大化,但在进行具体的金融投资行为时,居民追求的是在一定风险水平下的收益最大化。由于金融投资行为是为未来消费而服务,是获取最终消费效用的中间环节,因而收益最大化的目标也是为最终效用最大化的目标服务的。

(一) 居民金融投资行为演变的一般逻辑

居民金融投资行为受到外部和内部因素的影响。居民购买金融资产的目的可以细分为平滑消费、资产增值、预防风险。因而影响居民金融投资行为的主要因素除了收入之外还有:居民的时间偏好与流动性偏好、预期收益率和利率、风险与不确定性、金融市场的发育与完善情况以及社会保障制度。金融市场上金融产品的种类以及收益风险特征是影响居民金融投资行为的主要因素,不同的金融产品具有不同的收益风险特征、变现性以及流动性。居民会理性地根据自身对风险、收益的偏好而选择金融资产。在中国传统的以银行主导型金融市场上，金融产品的种类相对比较单一，直接融资及相应的其他金融产品发展滞后。因而居民的金融投资行为及其变化不太明显。

1. 居民的时间偏好与流动性偏好对金融投资行为的影响

时间偏好是指相对于未来消费，人们总是偏好即期消费。时间偏好率就是即期消费与未来消费的边际替代率。时间偏好越强的人，更愿意将自身的收入用于即期消费，即金融投资的量就会缩减，或者是需要更高的利率才愿意放弃即期消费。流动性偏好是指人们具有愿意持有货币而牺牲利息收入的心理倾向。在金融资产中，现金是流动性最强的资产，因而流动性偏好越强的人，在金融投资时更愿意持有现金等流动性强的资产。时间偏好主要影响居民的金融投资量，流动性偏好主要影响居民的金融投资结构。

2. 预期收益率和利率对居民金融投资行为的影响

金融投资行为是为了取得收益，那么预期收益率就是居民金融投资行为的重要影响因素。预期收益率是投资前对未来一定时期内收益率的预测。而预期收益率与利率有着非常紧密的联系，对于一些收益比较稳定的金融资产，预期收益率往往就是利率。在不考虑其他因素的情况下，一种金融产品的预期收益率越高，居民越愿意投资于这类金融产品。

3. 收益风险对居民金融投资行为的影响

居民金融投资的收益产生于未来，未来就存在很多不确定性，即具有风险。居民金融投资的收益风险是在未来的不确定性所带来的盈利或亏损的可能性。不同的金融资产具有不同的风险，银行存款、债券的收益风险较小，特别是银行存款由于其预期收益率直接等于存款利率，收益风险很小；股票的收益风险较大。居民的风险偏好程度不同，收益风险大小对其金融投资行为的影响就不同，风险偏好型的投资者倾向于对高风险的金融资产投资，风险规避型的投资者倾向于对低风险的金融资产投资。由于大多数居民都是风险规避型投资者，因而在不考虑其他因素的情况下，居民喜欢对风险较小、收益较稳定的金融资产投资。

4. 金融市场的发育与完善情况对居民金融投资行为的影响

首先，健康稳定的金融市场是居民理性地进行金融投资行为的基本前提，若市场处于失衡或扭曲状态，居民难以合理地预期，从而会导致非理性的金融投资行为。其次,金融市场越完善,市场上可供居民投资的金融产品种类就越多,居民的投资自由度就越大。居民就可以根据自身的偏好和目的进行金融投资行为。一般来说,金融市场越完善的国家,其居民金融投资行为也越多样化。

5. 社会保障程度对居民金融投资行为的影响

为了应对未来的医疗、教育、养老等大额支出,居民会进行金融投资,投资的资产一般是能够为未来支出提供保障的银行存款、商业保险等。如果一个国家的社会保障程度很高,则居民对未来大额支出的负担会大幅下降,可支配收入就会更多地用于消费、更少地用于储蓄。储蓄部分也比较愿意用于对高风险高收益金融资产的投资。与以美国为首的西方国家建立了比较完善的制度相比,中国保障制度不健全,居民面临医疗、教育和养老三座大山以及不断高企的房价,未来的不确定性较大,有强烈的预防性储蓄动机。因而居民的储蓄意识较强,储蓄是为了平滑未来的消费,是为了应对社会保障程度的不足。

此外,在文化方面,勤俭节约是中国的传统美德,中国居民的储蓄动机受文化影响深,平时的勤俭节约也是为了购房、婚丧等大事时的消费。居民投资意识薄弱、风险厌恶程度较高。

(二) 互联网经济下居民金融投资行为演变的逻辑

在互联网经济降低信息不对称度、减少交易成本、操作便捷的优势下,互联网金融的发展也不断地突破时空限制,居民对互联网理财产品的投资意识也不断增强,影响居民的金融投资行为。互联网经济特别是互联网金融的发展使居民参与金融投资的条件逐步成熟,包括市场条件以及居民自身投资意识。互联网时代不断推动金融创新和金融市场发展,为居民提供丰富的金融产品、便捷顺畅的投资渠道,居民金融投资选择随之多元化、自由化,金融投资结构单一的情况得到改善。居民进行金融资产投资与资产组合可以获取收益、降低风险,以期达到资产效用即收益的最大化。互联网经济下,金融市场上产品种类增加、交易成本降低,金融投资方式便捷化(通过互联网渠道进行投资):一方面,互联网经济下参与金融投资的居民数量大幅增加;另一方面,使居民能低成本、快捷顺畅地进行多元化金融投资,共同促进居民金融投资水平的变化以及金融投资结构的调整。

第一,互联网金融具有长尾效应,为大量普通投资者拓宽投资渠道,从而实现资产的保值增值。互联网金融缓解中国的金融抑制，推进金融深化，使处于长尾市场上的中低收入居民能够借助互联网接触到第三方支付、金融理财等产品，享受到金融服务。从而金融活动的主体范围扩大，更多的居民特别是偏远地区的农村居民也能够参与金融活动。互联网经济下，市场上的金融产品日益丰富，能够满足不同的投资需求偏好。由于互联网经济具有打破时空限制的特征，使得金融投资契合现代居民生活的快节奏。从总量的角度看，随着更多居民参与金融投资活动，金融投资的量会增加。

第二，互联网经济下居民的金融投资行为具有网络外部性。互联网金融平台具有很强的网络外部性，因而，基于这些互联网金融平台进行的金融投资行为也具有十分明显的网络外部性。以支付宝和微信支付为例，它们所依托的互联网金融平台本身具有庞大的用户群体——淘宝用户和微信用户，这些原有用户可以非常方便地使用平台上提供的互联网金融服务、购买互联网金融产品，随着淘宝、微信的不断推广吸引更多的用户，使用的用户越多，网络外部性就越显著，用户的使用效用就越高，就越愿意使用平台上的诸如支付、理财等金融产品。互联网强大的连接力、信息收集和信息处理能力又进一步加强互联网金融的网络外部性。

第三，互联网经济下的金融投资具有低成本的优势。互联网金融基于信息技术开展金融服务活动，不需要大量的物理网点和服务人员，拓展业务的边际成本非常小。互联网金融机构的经营成本较传统金融机构的成本要小，并且提高了金融供给水平，居民在此基础上进行金融投资行为的成本也降低。互联网对信息处理的能力十分强大，能对大量的信息进行高效的、低成本的处理，降低金融产品的供给者与需求者的信息获取和处理成本，进而降低交易成本。低交易成本下，居民倾向于增加金融投资并调整所持金融资产的结构。

第四，互联网经济降低居民金融投资行为的交易摩擦。经济学假定的完全市场上不存在交易摩擦，但现实市场中交易摩擦几乎无处不在。互联网经济的发展借助互联网技术的应用提高居民金融投资行为的信息化程度、增加信息传递效率和信息对称度、提高金融供给水平、增加金融产品的覆盖面、降低金融投资的交易成本，从而减少了金融投资行为的交易摩擦，使大量的居民参与金融交易。借助互联网经济下的大数据，投资者的风险偏好、信用程度等情况都能够被有效地了解到，从而有利于金融产品提供者有针对性地开发和提供服务。交易摩擦的减少有利于挖掘和拓展潜在金融需求、拓宽金融交易的可能性边界,从而提高居民金融投资的水平。周广肃、梁琪(2008)认为,互联网的使用可减缓市场摩擦,从而影响居民家庭的金融投资情况。

二、居民金融投资总量概况

从第二章第一节对居民金融投资行为的界定中可知,居民金融投资行为是储蓄行为的细分,是将储蓄用于具体金融资产投资的行为。因而,在总量上,居民金融投资总量与居民储蓄总量是相等的。随着居民可支配总收入的持续增长,居民储蓄水平提高,储蓄占可支配收入的比重也一直上升,在2010年后呈下降趋势。2010年居民总消费占可支配收入的比例仅为42.1%,到2016年缓慢下降为36.14%(见表5-1)。

表5-1 居民总储蓄与可支配收入

年份	可支配总收入(亿元)	总储蓄(亿元)	总储蓄占比(%)
1992	18452.78	5452.66	29.549260
1993	22827.06	6414.96	28.102436
1994	32292.24	10448.04	32.354646
1995	40291.60	11921.88	29.588996
1996	48125.11	14169.19	29.442405
1997	53842.17	16920.67	31.426427
1998	57043.45	17814.15	31.229089
1999	59733.06	17812.66	29.820438
2000	66538.67	20684.07	31.085788
2001	71865.34	22429.44	31.210372
2002	77423.32	24366.72	31.472068
2003	87268.45	29618.65	33.939700
2004	98508.92	33290.44	33.794341
2005	112910.16	39951.46	35.383406
2006	131426.42	48850.92	37.169787
2007	158558.63	62226.13	39.244871

续表

年份	可支配总收入（亿元）	总储蓄（亿元）	总储蓄占比（%）
2008	185926.31	74255.91	39.938355
2009	207302.37	83717.77	40.384377
2010	243121.74	102363.14	42.103656
2011	285772.58	116815.98	40.877253
2012	321399.16	130814.56	40.701586
2013	357113.36	137350.86	38.461417
2014	391109.95	148569.95	37.986748
2015	422629.21	156649.11	37.065377
2016	459534.74	166091.64	36.143435

资料来源：Wind 资讯。

中国居民的储蓄水平一直较高，特别是在 2010 年之前，总储蓄占可支配收入的比重逐年攀升。中国居民高储蓄有主客观原因，对于中国居民高储蓄的客观原因，有学者认为是由于中国的经济不够发达，居民可选择的消费品种类不多，从而形成强迫储蓄。但互联网经济特别是电子商务的发展，大幅拓展了居民消费选择的范围，从而强迫储蓄的情况得到改善，所以 2010 年后储蓄占可支配收入的比重不断下降。居民主观的储蓄原因则包括：第一，储蓄以进行未来消费。居民会在自己以及家庭的生命周期内合理安排自己的消费和储蓄，由于居民个体在生命的不同阶段获得收入的能力不同，所面临消费就有可能会与收入形成"错配"，未来的不确定性更会促使居民增加储蓄。第二，储蓄增值，投资的目的都是实现保值增值，居民的储蓄增值活动是通过定期存款和购买债券以获取较高的利息收入，进行股票投资获得资本利得等。第三，储蓄为后代留下遗产。中国人的家庭观念很强，父母节俭为子女留下遗产的储蓄行为正是这种家庭观念强的体现，这种储蓄行为受到物价变动的影响较小。

三、居民金融投资结构概况

整体来说，中国居民的金融投资行为是在高储蓄中向多元化发展。随着经济水平的不断提高，中国居民储蓄持续增长，1992 年居民储蓄占可支配收入的比例为29.5%，2016年为36.14%，期间还连续几年突破40%。储蓄是居民进行金融资产配置的基础，一般来说，储蓄水平越高，进行金融投资的可运用资金量也就越大。随着金融市场的不断完善——债券、股票、保险市场的发展以及居民储蓄的持续高企，金融资产形成规模逐年增长，居民金融投资行为也呈多元化。金融资产主要包括现金、存款、股票、债券以及保险等。图5-1是根据资金流量表中数据计算的每年各类金融资产配置比例情况。

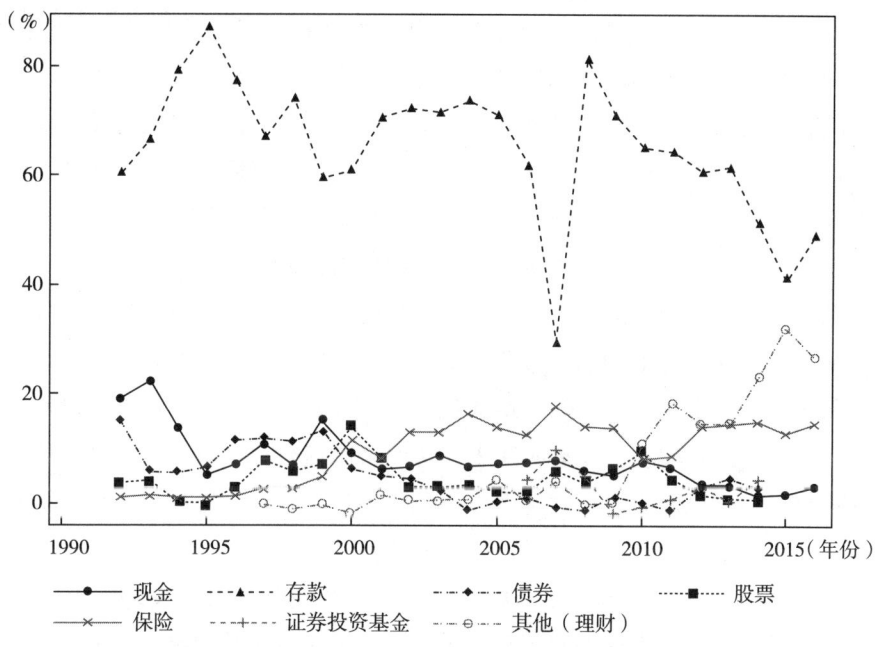

图 5-1　1992~2016年我国居民金融资产配置比例

资料来源：历年《中国统计年鉴》和《中国金融年鉴》。

由图5-1可知，历年来存款在居民的金融投资中占据绝对优势，债券、股票、保险、证券投资基金以及其他理财这几类金融资产的配置比例处于低位，但在近几年来，基金、理财等金融投资迅速崛起。具体来说，第一，存款一直都是中国居民金融投资的主要方向，1992年存款占金融投资配置总额的60.5%，2015年为38.16%，2016年有所回升，该比重为49.99%。受2007年股市的繁荣以及随后金融危机的影响，上述比例除在2007年显著下降为29.7%外，2008年又迅速增加到81.2%，并在2008年后呈逐年下降之势。其余年份基本上都维持在60%以上,最高时在1995年达到87.1%。虽然随着中国金融市场的发展,金融产品的种类不断增多,使居民手中大量的储蓄能够以多元化的金融资产形式持有,以存款为主的金融投资格局有所改善,但仍然没有被打破。

第二,现金持有比例呈逐年下降的趋势,现金持有比例从1992年、1993年的20%左右下降到2012年、2013年的3%左右,再下降到2014年的1.3%。这种大幅下降的趋势与第三方互联网支付的普及以及2013年互联网金融的爆发性发展脱不了关系。现金作为传统的交易媒介和最安全的金融资产,在90年代初期居民持有比例较高与当时的支付系统不发达、金融产品种类少息息相关,随着互联网支付的普及以及以余额宝为代表的互联网金融的发展,现金持有比重大幅下降。对现金配置份额的不断降低意味着可用于其他金融资产的投资上升,从而有助于增强市场流动性、盘活存量,避免大量资金滞留于居民手中,促进资金以更高效的方式流向经济活动中需要的领域。

第三,股票投资的波动性最大,股票投资占总投资的比重最低时不过0.26%,最高时达到14.1%。值得一提的是,2007年存款比重大幅下降,而股票份额突增,由2006年的2%增加到2007年的6.1%,原因在于中国股市在2006~2007年疯狂增长,大量居民入市从而挤压银行存款份额。股票市场容易出现投机行为,风险大、波动性大、收益极不稳定,在中国居民金融投资意识与相关金融知识有限的现阶段难以成为其理性的选择。

第四,债券投资总体呈下降的趋势,债券投资比例在1992年为15.1%,在2014年是3.1%,在这期间甚至还出现过资金净流出的现象,最为明显的体现在2007年和2008年。证券市场在近几年来得到快速发展,但居民在证券上的配置份额较低,债券属于低风险金融资产,在早期投资产品种类较少时,可作为存款的补充成为居民金融投资的安全形式。随着金融产品种类的增加以及债券发行限制,投资于债券的比例难以超越90年代初期。

第五,保险准备金的比例有一定的波动性,但总体来说,发展迅速并呈不断上升的趋势,保险准备金的比例在1992年仅为1%,到2013年增长到15%,而在2007年时曾高达17.7%,2016年该比重为14.3%。随着保险市场的不断完善、居民金融理财意识的增强以及削减不确定性支出压力的需要,保险投资作为一种保障越来越成为居民金融投资时的重要选择。保障程度越高就越降低未来支出的不确定性，居民就越敢高消费，有利于改善中国内需不振的现状。

第六，近几年内随着互联网与金融的快速融合、金融市场高速发展，居民可选择的金融投资产品种类增多，金融投资活动日益多元化，基金份额、理财等其他类型的金融资产也成为主要的金融投资方向。居民基金投资在中国起步较晚，证券投资基金份额相关数据从2006年才开始统计，股市的繁荣促进了居民资金流向证券投资基金份额，但所占比重都不是很大。理财类等金融资产投资状况可从"其他"金融资产所占份额中获知，该数据从1997年开始进行相关统计，在2010年以前所占比例一直不高，但近几年内却是飞速增长，从2009年的0.09%增长到2010年的10.8%，到2011年的19%，再到2014年的23.3%，到2015年增长至31%，几乎是跨越式发展，可见，中国随着互联网金融的发展，基金、理财等金融产品种类不断增多，为居民投资提供了更多的选择，使其将资金投向除现金、存款、证券、保险之外的金融产品。

把现金、银行存款以及国债作为无风险金融资产，把股票、基金以及其他（理财）作为风险金融资产，把保险作为保障性资产。中国居民金融投资行为呈现以下趋势：无风险性金融投资的比重基本呈持续下降的趋势；而风险性金融资产的投资虽然有所上升，但仍然较低；保障性金融资产投资的比重持续上升。与发达国家，特别是美国居民的金融投资行为相比，中国居民的金融投资行为风险化程度较低。

第二节　互联网经济下居民金融投资行为的特征

互联网经济改变了金融市场的运作方式，改变了居民的金融投资行为。在互联网经济下，居民除了传统的金融投资外，还可以进行互联网金融投资，金融投资选择多元化。随着互联网应用的不断深入，居民的金融投资行为受到互联网的影响，金融投资需求实现具有便捷化、普及化的特征，对互联网理财产品的投资意识也不断增强。第三方支付、电子货币的普及降低居民对现金的持有量；互联网理财的崛起会对银行存款产生替代作用，居民的理财性行为增加；P2P、众筹等融资平台的发展会提升居民直接投资类资产的比重。在互联网金融下,通过增加居民的金融资产投资渠道、丰富居民的金融资产、激发居民的投资需求。

一、金融投资需求实现的便捷化、普及化

与消费需求的实现具有便捷性一样,在互联网经济下,居民金融投资需求的实现也体现出便捷化的特征。首先,金融投资需求只需要电脑、智能手机等互联网终端,借助于互联网就可以在互联网金融平台或者传统金融机构的官网、操作软件上快速便捷地获取金融产品的相关信息、对产品进行对比,并通过点击而完成金融投资。其次,有些金融投资不受制于时间限制,居民可以有效地利用碎片化时间,借助互联网在一天24小时都可完成金融投资,而不局限于金融机构的营业时间。比如,购买余额宝这类互联网理财产品,是可以在一天24小时内的任意时间通过智能手机或者电脑操作完成。

金融投资需求实现的便捷化不仅体现在对原生互联网金融产品的投资上,对传统金融产品的投资在互联网经济时代也能充分体现。以股票投资为例,在传统的交易模式下,居民买卖股票需要到证券公司的营业部交易大厅里现场交易,耗费大量的时间及金钱成本。而在线股票交易只需借助互联网发出交易指令、支付较低的经纪费用,远程股票买卖及资金划转,不仅成本低,更是十分便捷,在一定程度上会促进更多的人参与股票投资活动。随着互联网金融的发展,金融产品的种类越来越多,居民金融投资的方式也不断便捷化。不仅以余额宝为代表的新兴互联网金融快速占领了居民金融理财市场,传统的股票、保险、银行理财等金融业务也不断互联网化,居民金融投资方式不断地向在线理财、在线金融投资方式转变。互联网金融产品通过在互联网上出售,较之传统理财产品的柜台销售,销售成本很低,而且投资门槛极低,激发居民金融投资需求,需求能够实现便捷化、普及化的实现。Bogan(2008)研究了互联网对家庭参与股票投资的影响,结果显示互联网的使用对家庭参与股票投资的概率具有显著影响。

金融投资需求实现具有便捷性,必然使金融投资越来越普及化。一方面,已进行金融投资的居民会由于金融投资的便捷性而频繁地产生金融投资需求并将金融投资需求转换为实际的金融投资行为;另一方面,越来越多的以前没有或者很少参与过金融投资的居民由于金融投资的便捷性而大量地参与金融投资

第五章　互联网经济下的居民金融投资行为

活动,即体现出长尾市场上的金融需求也得以便捷化地实现,从而扩大金融投资行为的主体范围,使更多的居民特别是偏远地区的农村居民也能参与多样化的金融投资活动中来。互联网金融产品具有普及化特征,同时对互联网金融产品投资也具有便捷化的特征,使长期以来被传统金融所忽略的长尾市场上的金融投资需求得到满足。互联网金融产品以十分低廉的成本扩散,诱发普通居民的金融投资需求,并且普通居民用非常便捷的方式即可实现金融投资需求。因而互联网经济能够覆盖更多的金融投资需求,使处于长尾市场中的居民借助互联网接触到多元化的金融产品并完成金融投资行为。互联网经济下居民金融投资行为正不断地成为一个大众化、普及化的行为。

二、理财性行为增加

对比传统金融机构体系中高门槛的理财产品,互联网金融理财产品为普通居民提供了低门槛、高收益、方便快捷的理财渠道,激发了居民对理财产品的购买热情,理财性行为普遍快速地增加。特别是以余额宝为代表的货币市场基金产品,以高收益、低门槛、强流动性的特征使大量居民将低收益的银行存款转化为购买基金份额的理财性行为。

2013年6月,阿里巴巴推出的余额宝标志着中国互联网金融进入快速发展阶段。以余额宝为代表的互联网金融理财产品对居民具有很大的吸引力,主要表现在:第一,这类产品具有很强的流动性。居民能够随时取现、转账且几乎不存在手续费,特别是在跨行跨地区转账方面几乎不存在像银行那样的高手续费,但理财产品的流动性与银行活期存款差不多。在智能手机、移动信息技术如此普遍的环境下,互联网支付甚至比使用现金、使用网银支付等方式更加便利。第二,高收益性。虽然余额宝类联网理财产品具有很强的流动性,但收益仍然十分可观,余额宝自推出之日(推出日是2013年5月29日,第二日公布收益率)起就以高出同期银行活期存款1.743个点的2.093%的七日年化收益率面世,此后收益率一路攀升,在2013年6月底、7月初银行"钱荒"时期,收益率突破6%,达到阶段性高点6.174%;2014年1月8日又突破此前的高点,达6.761%。自2013年6月5日起,余额宝收益率突破3%,直至2015年10月下旬才跌破3%,但仍然大于一年期银行定期存款利率,甚至大于两年期定期存款利率。第三，低风险性。余额宝类互联网金融理财产品本质上是货币市场基金，是证券投资基金中的低风险种类，余额宝基金资产组合中银行存款和结算备付金占比很大，绝大部分的资金是在银行同业拆借市场上以协议存款的形式借给银行，因而安全性很高、风险性较低。第四，低门槛性，或者可称为无门槛。互联网金融理财的门槛极低，甚至只要一元钱都可进行投资获得收益。低门槛性扩大了投资群体，越来越多的普通居民能够参与金融投资活动，尤其是在传统经济环境中难以达到基金投资门槛却又有金融投资需求的普通中低层收入居民，余额宝类产品激发了他们的金融投资需求和投资积极性。第五，操作便捷性。购买互联网金融理财产品并不需要去金融机构购买，只需有互联网、电脑手机等终端就可以进行互联网金融活动。

互联网理财产品在与银行活期存款风险水平相当的情况下，收益率要高于银行活期存款利率。居民基于对高收益的追逐，在存在无风险套利机会时会进行套利活动，资产组合面临重新组合，居民会增加收益率高的资产比例，互联网理财产品迅速扩大。以余额宝为例，其年化收益率在经历了高点的6%以上后，即使现在收益率波动下降至2%~3%，如图5-2所示，也远高于银行活期存款利率。相同期限与风险的银行活期存款利率仅为0.35%（见表5-2）。根据无风险套利理论，在存在无风险套利机会的时候，理性的居民会调整金融投资行为，增加高收益资产的投资，即增加互联网金融理财产品的投资份额。而互

图5-2 余额宝收益率（7日年化）

资料来源：Wind资讯。

联网金融的低交易成本、操作便捷性使居民能够将小额资金在银行存款与余额宝类货币基金之间无摩擦地跨市场套利。所以，居民的理财性行为大量增加。

表 5-2　人民币存款基准利率

单位：%

利率调整时间	活期存款利率	一年定期存款利率	两年定期存款利率
2012 年 7 月 6 日	0.35	3.00	3.75
2014 年 11 月 22 日	0.35	2.75	3.35
2015 年 3 月 1 日	0.35	2.50	3.10
2015 年 5 月 11 日	0.35	2.25	2.85
2015 年 6 月 28 日	0.35	2.00	2.60
2015 年 8 月 26 日	0.35	1.75	2.35

资料来源：中国人民银行网站。

凯恩斯将居民持有货币的动机分为交易动机、预防动机以及投机动机。交易动机与预防动机是收入的函数，投机性动机是利率的函数。互联网理财产品的特性是流动性高且收益率高，但交易成本低。从交易动机来看，由于投资互联网理财产品既能获得较高的收益又不会丧失太多的流动性，因而居民的交易性动机降低，将更多的资金投向于高流动性、高收益的互联网理财产品。

互联网理财产品的收益率较高，吸引越来越多的居民家庭的投资，如图 5-3 所示，2013~2017 年中国的互联网理财指数逐年攀升。

图 5-3　2013~2017 年中国互联网理财指数

资料来源：易观《2018 中国家庭金融市场分析报告》。

推出互联网理财产品的互联网平台不断增加,有微信理财通、苏宁零钱宝、京东小金库、百度百赚等,对居民银行存款实现分流,改变了居民的金融投资方式与金融资产结构。如图5-4所示,截至2015年底,中国的互联网理财市场规模达到65662.3亿元,其中互联网货币市场基金的规模达34949.3亿元,占互联网理财市场总体规模的53.2%。2015年中国的活期银行存款余额是337736.86亿元①,仅互联网理财产品中的货币市场基金规模与银行存款规模的比重就已超过10%。

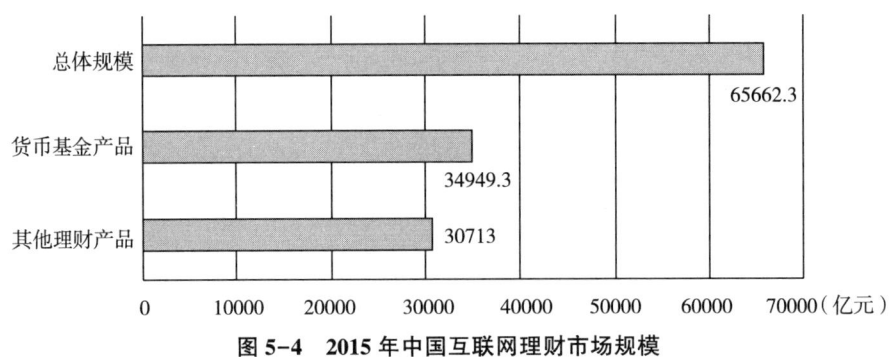

图5-4 2015年中国互联网理财市场规模

资料来源:易观统计。

据中国互联网信息中心发布的《第43次中国互联网络发展状况统计报告》可知,截至2018年底,中国总共有1.51亿网民购买互联网理财产品,较2017年增长了17.5%。中国互联网理财人数增长迅速,基本都保持着两位数的增长率,特别是2017年的增速达到了30.2%(见图5-5)。居民的互联网理财参与率越来越高。

三、金融投资行为的直接性

互联网经济中居民金融投资行为的直接性体现在两个方面,一是金融投资的中间环节减少,二是居民投资与企业融资的直接对接。互联网技术的广泛和深度应用,减少了居民金融投资的中间环节。以在线股票投资为例,只要在交

---

① 资料来源:中国统计局网站对货币供应量中活期存款的统计。

第五章　互联网经济下的居民金融投资行为

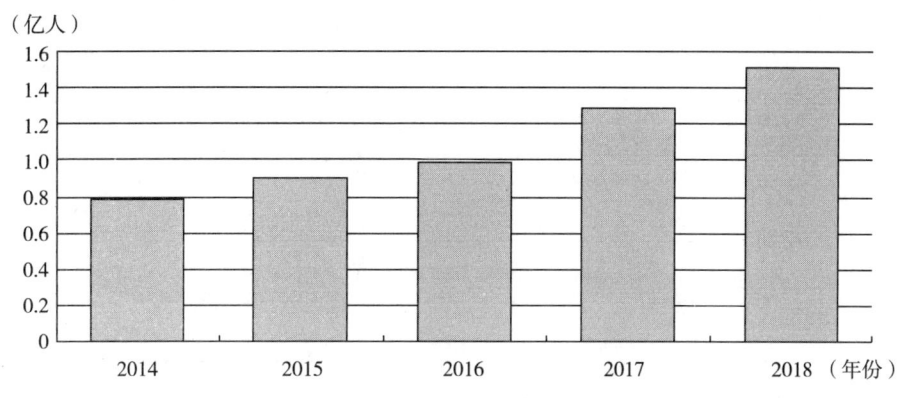

图 5-5　2014~2018 年中国互联网理财人数

资料来源：根据历次《中国互联网络发展状况统计报告》整理。

易时间就可通过互联网下单，而不再以去证券公司、打电话等传统的形式来完成。居民的金融投资行为更加流程化、自动化，减少了中间环节。互联网金融使资金的供给者与需求者能够通过互联网实现直接的对接，并降低了信息不对称情况，从而可以将传统的金融中介淘汰，实现金融脱媒，达到无中介的瓦尔拉斯一般均衡（谢平，2012）。

金融投资行为的直接性在 P2P 网络借贷以及众筹活动中凸显，P2P 和众筹模式直接将资金供需双方连接起来，无需经过金融中介机构，缩短了资金链条，为企业增加直接融资的渠道。中国众筹发展规模还较小，截至 2016 年底，众筹规模仅为 47.4 亿元。网贷之家发布的《2015 年中国网络借贷行业年报》公布，2015 年中国网络借贷成交量达 9823.04 亿元，同比增长了 288.57%，而 P2P 成交量在 2011 年仅为 31 亿元。2015 年底，网络借贷行业的贷款余额高达 4394.61 亿元，同比增长了 324%。从贷款成交量与贷款余额两组数据可知，近年来，金融网络借贷市场的增长速度飞快。P2P 网络借贷的高增长率显示了其在居民金融投资中的份额迅速增长。网络借贷的收益水平较高。由网贷之家公布的数据可知，截至 2015 年，年综合收益率一直维持在 13% 以上（见图 5-6）。对应的风险水平也较高，为居民提供了更多不同风险—收益水平金融资产投资的选择，吸引越来越多的居民投资。

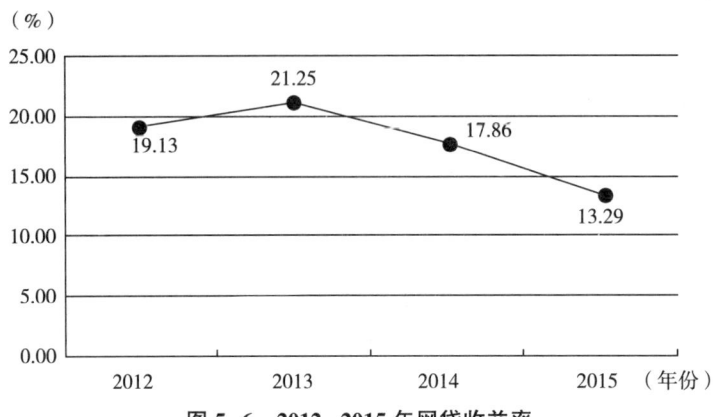

图 5-6　2012~2015 年网贷收益率

资料来源：网贷之家。

四、金融投资多元化

居民互联网金融投资行为是以互联网为渠道进行的金融投资活动。互联网金融的出现改变了之前中国一直存在的由于可选择金融资产有限而产生的"强制性"资产选择行为。金融投资选择是指居民对金融资产品种和数量以及投资方式的选择，居民在不同金融产品品种之间的选择主要取决于金融产品的风险收益状况、供给状况及居民的风险收益偏好等因素。互联网经济下大量的互联网金融产品出现，以及倒逼传统金融机构的金融创新、金融产品互联网化，为居民金融投资选择多元化提供条件，使居民金融投资的多样化需求能够得到满足。

一直以来中国居民金融投资结构单一、存款比重居高不下的重要原因之一是其他金融投资产品种类不多，而且投资途径不通畅、不完善。在互联网经济时代，不仅市场上有多样化的金融产品供居民选择，更是各类金融投资方式都趋于便捷化、投资渠道畅通。袁志刚和冯俊（2007）认为，金融市场的完善与金融产品的不断丰富使居民调整持有的储蓄存款和股票的比例。互联网金融以多样性特征满足了居民不断变化和升级的金融投资需求，使居民金融投资多元化。首先，在互联网经济下，随时随地接收大量信息的环境对居民造成了一定的心理冲击，互联网的社交网络也会使居民的思维和行为形成扩散效应，促使居民寻求多元化的金融投资。其次，随着互联网金融的快速发展，大量的互联网金融产品涌现。同时，互联网技术的信息收集和信息处理能力有利于对不同类型居民开发和提供针对性的金融产品。通过金融产品的创新，丰富金融产品的供给，使广大居民特别是中低层收入居民也能够接触得到更多的金融产品。最后，金融投资渠道便捷化，正如前文对于金融投资需求实现便捷化的描述，在互联网经济下，居民借助于互联网渠道进行金融投资既操作便捷又不受限于时间的限制，投资渠道畅通。互联网金融突破了传统金融业务的时间与空间限制，不仅契合居民的快节奏生活；其具有的长尾特征能够覆盖更多普通居民的金融投资需求，迎合中国规模巨大的普通收入居民的金融投资需求，以便捷的方式促进居民金融投资的多样化。

基于支付宝平台推出的互联网货币市场基金——余额宝一经面世便动摇了居民金融投资结构单一的局面，也推动着越来越多的互联网平台推出类似的金融产品，比如微信理财通、苏宁零钱宝、京东小金库、百度百赚等。此外，银行理财产品的在线销售、信托、理财型保险、其他互联网理财产品在互联网经济下也不断普及（见图5-7）。丰富的金融投资产品使居民的金融投资不断多元化，对居民银行存款实现分流，改变了居民的金融投资方式与金融资产结构。

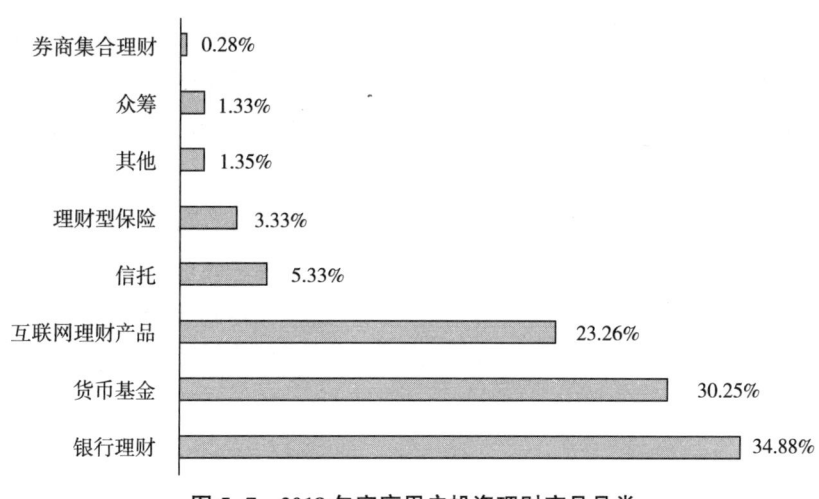

图5-7　2018年家庭用户投资理财产品品类

资料来源：易观《2018中国家庭金融市场分析报告》。

五、金融投资收益市场化

在中国长期的利率管制下,金融市场价格扭曲、金融资产供求体现出弱利率弹性的特征,虽然传统的经济环境下股票、基金的收益具有市场化特征,但在居民金融投资中所占的比例很小。市场竞争程度、信息透明度、市场机制是金融资产价格和金融投资收益市场化的重要影响因素。互联网经济特别是互联网金融的发展加剧了金融市场的竞争程度、推进了利率市场化以及其他金融资产价格的市场化;并且增加了更多收益市场化的金融投资产品,缩小了传统金融机构的政策性盈利空间,使其转型和创新的动力增加,从而推进了金融价格机制的市场化。以余额宝为代表的互联网理财产品,以类活期存款的高度流动性兼具高于定期存款的收益,是针对利率管制出现的金融产品。由于货币市场基金的运作突破了存款利率的限制,余额宝的高收益具有市场化利率的特征。这部分存款利率的市场化会加快整个利率市场化的进程。

余额宝的收益率是反映真实市场供需的市场化收益率,体现的是银行同业拆借市场上的供需关系。余额宝收集到大量居民的碎片化资金,基金管理公司——天弘基金管理公司运用这部分资金投资,绝大部分资金是在银行同业拆借市场上用于借给其他银行,赚取利息。这是一种协议存款,利率是体现资金供求的市场化利率。因而居民投资余额宝所获取到的收益率与银行同业拆借利率相关性很大,体现资金供求关系的市场化收益率。P2P 网贷平台上借贷利率的确定则基本上是市场化的,资金供给与需求方根据自身的具体情况在平台上选择和匹配,形成借贷利率。

在金融投资收益具有市场化特征时,居民的金融投资行为对收益的敏感性增加,当金融产品价格变化时,居民会调节自身的金融投资结构,增加高收益金融资产的投资量,减少低收益金融资产的投资量。不同风险偏好的居民会根据市场上的收益情况调整自身的金融投资行为,在这个过程中改变市场上的供需状况,进一步推动金融资产价格和金融投资收益的市场化。

第五章　互联网经济下的居民金融投资行为

第三节　互联网经济下居民金融投资水平的变化

一、金融投资总量增加，但占可支配收入比重缩减

由居民金融投资总量的演变可知，在1999~2010年，金融投资总量占可支配收入的比重不断上升。与互联网经济下消费总量占比增加相对应，从2010年起，中国居民的金融投资总量占可支配收入的比重是不断下降的。所以，互联网经济对居民金融投资行为的影响更多地体现在对金融投资结构的影响上。

居民金融投资总量或者说储蓄总量虽然在总水平上是增长的，但其占可支配收入的比重在2010年后却是缓慢下降的。1992~2016年我国金融投资总量与金融投资量占可支配收入的比重如图5-8所示。

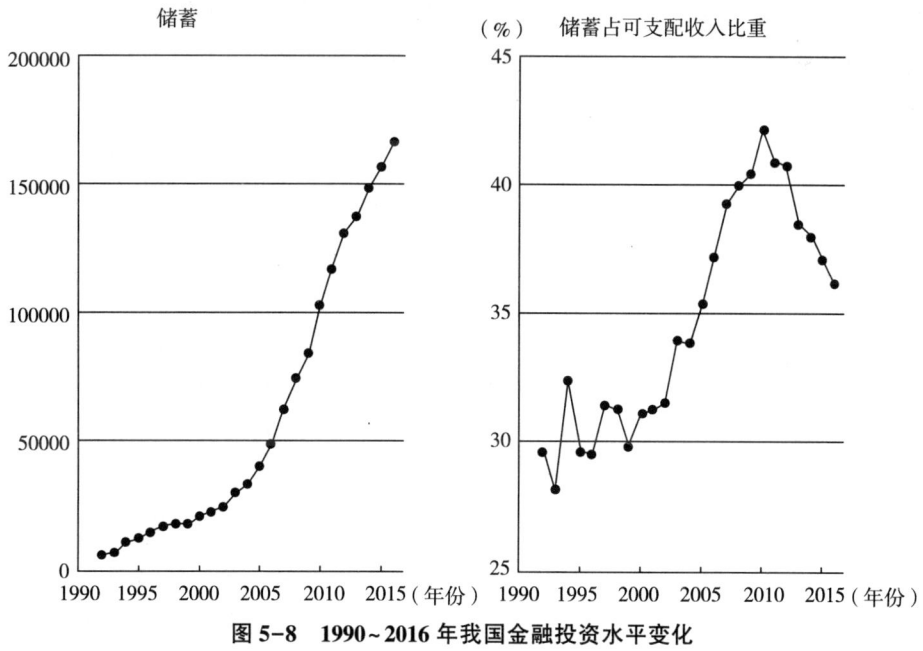

图5-8　1990~2016年我国金融投资水平变化

资料来源：Wind资讯。

如图 5-8 所示，左图表示金融投资总量的变化，中国居民的金融投资总量一直呈现不断攀升的走势，右图表示的是金融投资总量占可支配收入的比重，该比重自 2010 年起缓慢下降。由于在一定的可支配收入约束下，居民金融投资总量与消费总量两者是此消彼长的关系，在第三章中已经对互联网经济下居民消费总量的变化进行了详细分析，本节选择从比较宏观的视角分析居民金融投资水平，从金融投资的跨区域水平、金融投资活力两个方面展开分析。

二、便捷化、普及化提高居民金融投资的跨区域水平

居民的金融投资范围突破了地域限制，使各个地区居民的盈余资金能够得到较有效的配置，提高了居民金融投资的跨区域水平。在传统经济下，居民的活动受到地域限制，资金的分配受到地域的制约，造成资本市场地区分割下的资金流动低效率，阻碍不同省份之间的资金互补，急需资金的企业与地区难以及时有效地获得资金支持，而大量储蓄却滞留在资金利用的低效地区（Boyreau-Debray and Wei，2004）。互联网的出现以及互联网金融的快速发展使居民金融投资行为打破了时间和区域限制。居民借助互联网就可非常便捷地进行金融投资，无论哪个区域的资金供给者与需求者都可以在一个互联网平台上对接，突破了传统经济下资金流动在一定区域内的限制。资金供给者和需求者借助互联网可以了解到己方和对方的相关信息，减少由于地域限制而形成的信息滞后和信息不对称情况。

互联网金融的快速发展使资金的流动更有效，网银以及以支付宝为代表的第三方支付的普及使资金的跨区域和跨时间转移效率大幅提高，居民也能十分便捷地实现跨区域的金融投资行为。在现金代表购买力的经济活动中，资金难以实现大量、大范围的跨区域转移，金融投资活动被限制在较小区域内。当互联网金融发展起来，各种金融创新及支付工具不断出现，居民的现金持有量减少，金融投资等活动中越来越少使用现金作为支付工具，电子化的支付使居民的金融投资跨区域水平大幅提高。资金的流动在全国甚至全球范围内体现出错综复杂的特征。在互联网经济下，居民的储蓄、金融投资和交易都依赖于互联网，资金的跨区域、跨时间配置效率显著增加。互联网支付的发展使货币能够

在不同区域、不同账户之间的划转变得十分迅速与便捷,划转成本大幅下降,范围不断扩大。

Changkyu Choi 等(2014)认为,互联网在融资中能够发挥重要作用是因为其具有的强大信息流,能够缓解融资过程中的信息不对称,从而优化资金的流动;而互联网突破地域限制的属性使资金的跨境流动更为通畅。信息化程度高、便捷化、普及化的金融投资使居民的互联网金融产品投资对传统金融产品产生替代,包括互联网金融理财产品与 P2P 对以银行存款为代表的传统金融产品的替代。这些投资方式借助于互联网的优势实现了资金的跨区域流动。因而居民金融投资行为的跨区域水平显著提高。

三、理财性、直接性提升居民金融投资的活力

理财性行为的增加,使居民对金融收益率更加敏感。居民根据市场上的收益率变动调节自身的金融投资行为,从而提升金融投资的活力,也盘活居民手中的资金存量。互联网技术的广泛和深度应用,减少了居民金融投资的中间环节,居民的金融投资行为更加流程化、自动化,具有明显的直接性,这同样有助于降低居民的金融投资交易成本,提高金融投资活力。

借贷市场上的信息不对称情形得到改善有助于降低成本,同时直接性金融投资简化中间流程,促进资金供需双方在风险、资金期限等方面的高效匹配,并直接依托于互联网媒介完成借贷活动,大幅提高金融投资的活力。互联网经济具有的突破时空限制、信息快速收集和传递能力强等优势促进了金融的创新。在此环境下发展起来的互联网金融具有覆盖面广、低成本、正外部性等特征,扩大了居民的金融投资选择范围、打破了居民金融投资的地域限制、增强了资金的流动性。使各个地区居民的盈余资金能够得到较有效的配置、居民的金融投资活力提升,进而提高整个宏观经济的资金配置效率。

金融投资行为与互联网结合产生的大数据有助于提高居民金融投资活力。与互联网相结合的金融活动,产生大量的数据和信息,而大数据的应用能够降低信息的收集成本、缩短信息收集的时间、使资金供需双方更快地完成匹配,从而提高金融投资活力与储蓄投资转化率。互联网涵盖强大的信息流,与资金流的结合会产生颠覆性的变化,形成"大数据+资金流"的模

式。利用大数据和互联网强大的信息处理能力,无论资金盈余方还是资金供给方,其信息都能够更高效地被挖掘出、低成本地处理,金融投资的活力也就得以大幅提升。

第四节　互联网经济下居民金融投资结构的调整

一、选择多元化促进居民金融投资结构调整

居民金融投资结构调整的主要目的是实现投资收益最大化,投资多元化可以分散投资中的风险、提高保障程度。互联金融理财、网络借贷等互联网金融产品的不断出现与普及丰富了居民的金融投资选择。互联网经济通过为居民提供丰富的金融产品以及顺畅的金融投资渠道而为居民金融投资行为多元化提供条件。互联网金融拓宽了居民金融投资的范围,引发居民潜在的金融投资需求,使居民的金融交易范围和边界扩大,促进金融投资结构调整。主要表现为互联网理财的地位越发突出;居民的现金持有量大幅下降。在互联网经济下中国居民金融投资结构调整的原因主要包括:

首先,也是最重要的,互联网金融的迅速发展为居民金融投资多元化提供多种渠道。广义的互联网金融包含互联网金融理财、互联网保险、众筹以及P2P等原生的互联网金融形态,也包括传统金融的互联网化。无论是传统金融的互联网化还是原生互联网金融模式的发展都增加居民金融投资的渠道。在互联网时代,整个金融业的竞争显著增加,催生出越来越亲民的金融产品,且借助互联网渠道购买的便捷性为居民金融投资行为多元化提供了便利的条件。大量金融产品的涌现为具有不同风险偏好的居民进行金融投资组合提供了基础。在互联网经济提供多元化金融产品的支持下,居民调整金融投资结构,使金融投资多元化,根据自身偏好将资金有选择地分散投资于多种金融产品,以降低风险、实现收益最大化。

其次,中国居民收入随着经济的快速发展而持续增长,为金融投资总量增

加和金融投资结构调整奠定经济基础。在互联网时代，居民收入的增长还包括互联网的发展为居民提供更多便利的兼职机会。从事副业的人增加，从而实现收入的多元化以及收入的增加。

居民对金融投资结构的调整可由互联网经济下居民金融投资行为特征中的理财性行为增加，对应的现金持有比例减少情况可知。同时，在本章第一节居民金融投资结构概况部分中也显示了在互联网金融快速发展的2013~2014年，银行存款的占金融投资总额比重大幅下降，现金持有比重下降、保险比重上升，其他（理财）的比重大幅增加。如图5-9所示，无风险资产①比重在2013~2014年大幅下降。以余额宝为代表的互联网金融理财产品以高收益、低风险、购买方式便捷、无门槛的特征迅速风靡，使居民金融投资结构大幅震荡，对大量银行存款和现金起到分流的作用。

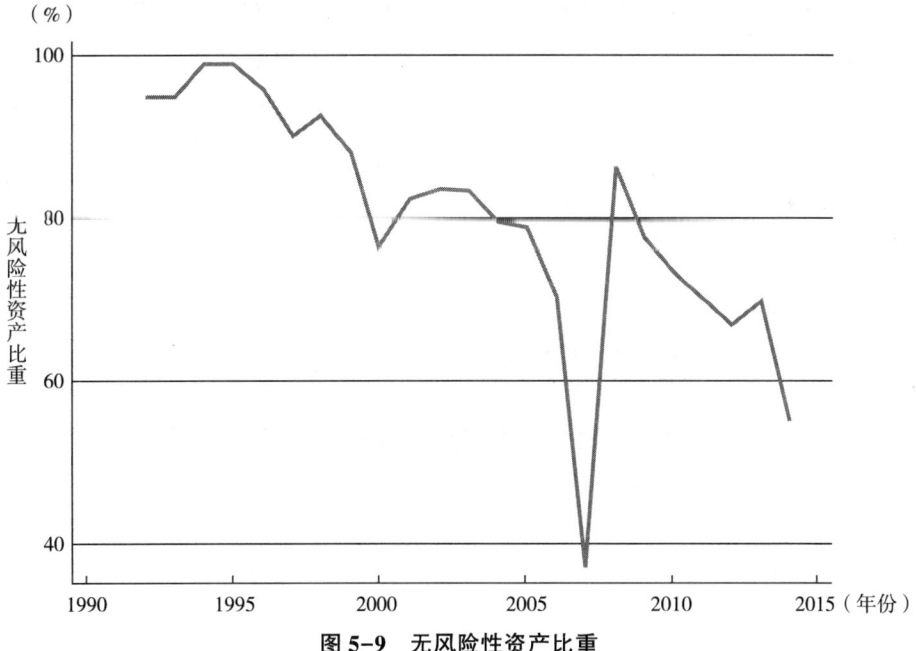

图5-9　无风险性资产比重

---

① 无风险资产主要包括现金、银行存款以及国债。

二、金融投资收益市场化对居民金融投资结构调整的影响

互联网经济特别是互联网金融的发展加剧了金融市场的竞争程度、推进了利率市场化以及其他金融资产价格的市场化。市场化的价格和收益有利于居民金融投资结构调整效率的提高。在互联网经济下居民更容易获得关于金融产品价格和投资收益的相关信息,作为理性化的主体,居民对金融资产价格和收益率变动的敏感性高,会根据金融资产的价格(收益)及对应的风险情况调整金融投资结构。同时,居民快速调整金融投资行为的过程中会改变市场上的供需状况,进一步推动金融资产价格的市场化。长期以来失灵的资本市场机制(价格机制)开始发挥其调节居民金融投资行为的作用。

随着居民投资意识的增强,如何将闲散资金在自身风险承受能力的范围内实现保值增值是居民在金融投资中的普遍要求。而在传统的金融投资方式中,银行存款利率较低,甚至低于通货膨胀率;基金虽然收益较高,但在购买及赎回时在灵活性与便捷性上都不足。因而居民的金融投资结构调整不太频繁。互联网加剧了市场的竞争、疏通了金融投资的渠道,使居民能够以灵活方便的方式根据市场收益情况进行金融投资、调整金融投资结构。互联网经济的发展有助于增强居民的金融投资意识,提高居民对市场收益的敏感度。当居民对价格、利率等市场信号的敏感度增加时,市场的有效性增加,居民更容易根据市场信号调整自身的金融投资结构。

三、互联网经济下居民金融投资结构调整的实证分析

(一) 直接回归

本节的数据来源于历年《中国统计年鉴》《中国金融年鉴》和 Wind 数据库,由于资金流量能够反映资金的具体走向和经济行为,实证中由居民部门的资金流量表数据来分析互联网经济下的居民金融投资行为。样本区间选为 1992~2014 年。以现金、银行存款等各项金融投资占金融投资总额的比重为被解释变量、以互联网普及率作为互联网经济的代理指标——解释变量来实证分析互联网发展对现金、银行存款、债券、股票、保险以及其他理财占总金融投

资的比重的影响。

由于互联网经济在中国发展的时间较短,资金流量表数据虽然最早可追溯至1992年,但互联网发展的相关数据起始于1997年。样本区间较短对回归结果有一定的影响,但总的来看,还是可反映出互联网经济发展对居民金融投资结构的影响。

由表5-3的回归结果可知,互联网发展对现金比重、银行存款比重、债券比重以及股票比重都具有负向影响,对保险比重以及其他理财比重具有正向影响。居民对现金、银行存款、债券这类安全性金融资产的配置下降,而对保险这类保障性的金融资产投资增加、对理财性金融资产的投资也显著增加。这在一定程度上反映了互联网经济下居民金融投资逐渐向保障性、理财性结构发展。

表5-3 互联网对居民金融投资结构的影响

	(1)现金	(2)银行存款	(3)债券	(4)股票	(5)保险	(6)其他(理财)
互联网	-0.010*** [0.004]	-0.012 [0.403]	-0.019*** [0.000]	-0.008* [0.057]	0.017*** [0.000]	0.024*** [0.006]
常数项	0.089*** [0.000]	0.671*** [0.000]	0.072*** [0.000]	0.065*** [0.000]	0.081*** [0.000]	0.005 [0.802]
N	18	18	18	18	18	18
R^2_a	0.374	-0.016	0.657	0.159	0.538	0.344
F	11.155	0.739	33.555	4.204	20.824	9.911

注:括号里是p值;***、**、*分别表示在1%、5%、10%的显著水平下拒绝回归系数为零的原假设。

(二) 借鉴AIDS模型回归

1. 模型分析

理论上,理性居民对于消费和金融资产配置的决策都是以效用最大化为目标。市场机制和政府调控充分发挥作用的前提是居民等市场主体敏感地捕捉价格或收益的变动信息,自发调整金融投资结构,以达到盘活存量、推动金融结构变化和提高政策有效性等目标。由第三章对于互联网经济下居民消费与金融投资行为的外部环境分析可知,商品及金融资产的价格弹性增加,并且互联网加剧了市场竞争、疏通了金融投资渠道，使居民能够以灵活方便的方式根据市场收益变动情况调整金融投资结构。AIDS 的优点是强调价格变量对配置行为的影响，在一定的价格体系下以最小的成本达到既定的效用。本节通过对 AIDS 模型的调整来考察互联网经济下金融资产收益①变化以及互联网的发展对居民金融投资行为的影响。

与消费效用相似，假设存在一个金融投资效用 u，效用的大小由所投资的金融资产的预期价值或收益决定。预算约束情况即总财富 W_t 是所有金融资产价值的总和：

$$\sum_i a_{i,t} = W_t \tag{5-1}$$

其中，a 表示金融资产，下标 i 表示第 i 种金融资产，t 表示时间。

成本是效用和价格的函数，可表述为：

$$\ln c(u,p) = \alpha_0 + \sum_i \alpha_i \ln p_i + \frac{1}{2} \sum_i \sum_j \gamma_{ij} \ln p_i \ln p_j + u\beta_0 \prod_i p_i^{\beta_i} \tag{5-2}$$

由于成本函数对价格求导即为商品的需求数量 $\frac{\partial c(u,p)}{\partial p_i} = q_i$，将等式两边同时乘以 $p_i/c(u,p)$，可得 $\frac{\partial \ln c(u,p)}{\partial \ln p_i} = \frac{p_i q_i}{c(u,p)} = w_i$，其中，$w_i$ 表示第 i 种资产占总资产的份额。成本函数对 $\ln p_i$ 取偏导可得：

$$w_i = \alpha_i + \sum_j \gamma_{ij} \ln p_j + \beta_i u \beta_0 \prod_i p_i^{\beta_i} \tag{5-3}$$

对于一个追求效用最大化的投资者（消费者）来说，总支出 W 与总成本 $c(u,p)$ 是相等的，根据效用与资产价格及总支出的关系，上式可表述为②：

$$w_i = \alpha_i + \sum_j \gamma_{ij} \ln p_j + \beta_i \log\left(\frac{W}{P}\right) \tag{5-4}$$

其中，w_i 是消费者在第 i 种资产上的支出占总支出中的份额，α_i、γ_{ij}、β_i 是参数，p_j 是资产价格或收益，W 是总支出，P 是价格指数，$\frac{W}{P}$ 是经价格指数调整的实际总支出。

---

① 由于存款、债券的利率是收益率也是货币使用的价格，股票收益基本上由股票价格变动决定，汇率本是以他国货币表现的货币价格。因而，在后文的分析中，直接以金融资产收益来进行说明和分析。

② 具体推导可见：Deaton A., Muellbauer J.. An Almost Ideal Demand System [J]. The American Economic Review, 1980, 70 (3): 312-326。

由式（5-4）可知，居民投资于各项金融资产的份额受到各类金融资产收益以及总投资额的影响。本节不考虑通货膨胀对资产收益以及总投资额的影响，即分析的是名义收益率、名义财富与名义金融资产的关系。根据 AIDS 模型，将居民金融投资行为的回归模型设定为：

$$A_i = \alpha_0 + \alpha_1 \ln pdep + \alpha_2 \ln pbond + \alpha_3 \ln stoci + \alpha_4 \ln pexc + \alpha_5 \ln wealth + \mu \quad (5-5)$$

$$A_i = \alpha_0 + \beta \ln internet + \alpha_1 \ln pdep + \alpha_2 \ln pbond + \alpha_3 \ln stoci + \alpha_4 \ln pexc + \alpha_5 \ln wealth + \mu$$

$$(5-6)$$

A_i 表示每年的各类金融资产投资额占总投资额的比重，包括现金、存款、股票、证券以及保险；$pdep$，$pbond$，$stoci$，$pexc$ 是资产收益和价格，分别表示存款利率、债券利率、股票收益率以及汇率，$wealth$ 表示每年进行现金、存款、证券及保险投资的总额，u 是残差。由于持有现金的收益率为 0；投资类保险产品的出现时间晚，且赔付类保险产品的概率赔付使得保险的收益率难以计算，本节不考虑这两类金融资产收益对居民金融投资行为的影响。理论上，某类金融资产的投资额应与自身的收益率呈正相关性，而与其他金融资产的收益率呈负相关性。

2. 变量及数据来源说明

本实证分析中的数据来源于历年《中国统计年鉴》《中国金融年鉴》和 Wind 数据库。其中，利率选取一年期定期存款利率，对于某些年份利率经过多次调整的情况，根据利率的执行天数进行加权得到最终的年度利率。股票收益率用上证综合指数年末值的对数来衡量。债券收益率选取 3 年期国债利率，对于一年内国债多次发行存在发行利率不一致的情况，以每次发行额占当年总发行额的比例为权重对当年的国债利率进行调整。汇率取美元兑人民币汇率，即一美元可兑换的人民币数量，由月度汇率进行简单加权得到年度汇率值。变量的描述性统计如表 5-4 所示。

表 5-4 变量描述性统计

变量	变量含义	均值	标准差	最小值	最大值
cur	现金	2047	1364	447.0	5441
dep	存款	21164	18876	2694	58929
sec	证券	2179	1601	473.3	6498

续表

变量	变量含义	均值	标准差	最小值	最大值
stoc	股票	1328	1477	22.68	6387
ins	保险	4192	4504	52.50	13628
pdep	存款利率	4.492	3.135	1.980	10.98
pbond	国债利率	6.162	4.028	2.272	14.09
lnstoi	股票收益	7.360	0.563	6.319	8.568
pexc	汇率	7.488	1.011	5.515	8.617
wealth	总投资额	30551	25250	4449	80295

3. 回归结果

表5-5的回归结果显示：①存款利率对股票投资占比有负向影响，对其他金融投资行为的影响不显著。中国长久以来是银行主导型金融体系，存款是最主要的金融产品；居民特别是大量农村居民的金融投资意识薄弱、相关金融知识缺乏，加上社会保障制度不完善导致的强烈预防性储蓄动机促使居民选择存款这种安全性资产，因而银行存款在居民金融资产中占据主导地位，即使实际存款利率为负，也难以改变居民存款的惯性行为。居民对利率波动的不敏感使利率政策的有效性差，难以达到调节市场资金总量和流向的目的。②国债利率对保险投资在10%的显著水平下具有负向影响，在10%的显著水平下对股票投资具有正向影响，对其他金融资产的影响不显著。国债利率的降低会使得居民投资保险的份额增加，说明保险投资作为对未来不确定性的一种保障，与作为安全性资产的国债在一定程度上存在替代关系，当国债利率增长时，保险投资会减少。国债的发行规模和利率都是由政府决定，市场化程度与股票相比还明显不足，国债利率的变动难以对其他金融资产的配置产生显著的影响。③股票收益率在1%的显著水平下与存款投资高度负相关，在1%的显著水平下与股票投资保险投资正相关。从系数的绝对值来看，股票收益率对股票投资自身的影响最大。股票收益率越高，会吸引越多的存款搬家，当股市高涨时，大量以存款形式存在的居民"闲置"资金会追逐高额的利益而流向股市，大幅增加以股票形式存在的金融资产，产生存款分流效应。④汇率在1%的显著水平下与现金负相关，在10%的显著水平下与存款存在正向关系，在10%的

显著水平下与其他(理财)负相关。虽然中国有着严格的外汇管理制度,但随着经济全球化、金融自由化,中国对外开放程度加深、出国人次不断攀升和外汇投资的发展,汇率变动逐渐对居民金融投资行为产生影响。当美元升值、人民币贬值时,有外汇投资意识的居民会减少现金(人民币)的持有,以及其他形式的理财产品;而存款的份额增加,可能是由于外汇投资的金融产品有限,且受制于严格外汇管理制度。

表5-5 回归结果

	(1) 现金	(2) 银行存款	(3) 债券	(4) 股票	(5) 保险	(6) 其他(理财)
lnpdep	0.059 [0.598]	-0.341 [0.211]	-0.034 [0.820]	-0.206** [0.043]	0.155 [0.181]	-0.025 [0.900]
lnpbond	-0.064 [0.538]	0.297 [0.236]	0.044 [0.752]	0.177* [0.057]	-0.191* [0.079]	0.004 [0.983]
lnstoi	0.012 [0.548]	-0.254*** [0.000]	0.001 [0.965]	0.048*** [0.009]	0.017 [0.382]	-0.022 [0.547]
lnpexc	-0.181*** [0.004]	0.270* [0.055]	-0.024 [0.752]	0.050 [0.307]	-0.040 [0.485]	-0.698* [0.072]
lnwealth	-0.047*** [0.008]	0.047 [0.222]	-0.038* [0.086]	-0.053*** [0.001]	0.041** [0.018]	-0.018 [0.725]
_Cons	0.862*** [0.001]	1.481*** [0.009]	0.444 [0.138]	0.099 [0.593]	-0.261 [0.239]	1.828 [0.166]
N	23	23	23	23	23	18
R^2_a	0.664	0.653	0.387	0.448	0.762	0.596
F	9.711	9.282	3.774	4.573	15.099	6.021

注:括号里是p值;***、**、*分别表示在1%、5%、10%的显著水平下拒绝回归系数为零的原假设。

居民储蓄不断高企、金融资产中银行存款主导地位的现状并不是不可改变,从回归结果中可知股票收益率与存款之间存在负向相关关系,在2007年股市收益攀高之时,居民投向银行存款的资金份额大幅下降,而在股票及保险方面的份额则上升,这说明只要市场上存在着盈利高的金融产品,仍然会吸引存款资金搬家，使资金沿着高收益的方向流动。

在加入互联网因素的回归中，由于互联网普及率相关指标最早只能追溯到 1997 年，所以在这部分回归中，样本区间缩短至 1997~2014 年，结果如表 5-6 所示。

表 5-6 加入互联网因素的回归结果

	（1）现金	（2）银行存款	（3）债券	（4）股票	（5）保险	（6）其他理财
互联网	-0.002 [0.599]	-0.027*** [0.005]	0.001 [0.721]	-0.004 [0.170]	0.002 [0.739]	0.019*** [0.001]
lnpdep	0.042 [0.701]	-0.532** [0.045]	0.069 [0.549]	-0.192* [0.064]	0.129 [0.359]	0.106 [0.417]
lnpbond	-0.039 [0.702]	0.366 [0.120]	-0.042 [0.689]	0.152 [0.104]	-0.160 [0.225]	-0.056 [0.640]
lnstoi	0.006 [0.766]	-0.264*** [0.000]	-0.018 [0.367]	0.035* [0.056]	0.026 [0.296]	-0.012 [0.608]
lnpexc	-0.192 [0.689]	-3.049** [0.012]	-0.375 [0.457]	-0.783* [0.079]	0.404 [0.505]	1.542** [0.016]
lnwealth	-0.010 [0.723]	0.136* [0.054]	-0.105*** [0.005]	-0.075** [0.012]	0.069* [0.083]	-0.077** [0.042]
_Cons	0.565 [0.605]	7.902*** [0.006]	1.981 [0.100]	2.209** [0.035]	-1.549 [0.269]	-2.525* [0.066]
N	18	18	18	18	18	18
R^2_a	0.259	0.745	0.645	0.564	0.489	0.845
F	1.988	9.291	6.141	4.658	3.714	16.459

注：括号里是 p 值；***、**、* 分别表示在 1%、5%、10%的显著水平下拒绝回归系数为零的原假设。

由加入了互联网发展因素的回归结果可知，互联网经济发展与其他理财的比重具有高度相关且显著的正向关系，与保险投资及债券投资具有正向关系，但不显著。保险投资的增加对于预防性储蓄动机的削弱具有重要作用，从而可达到促进消费的目的。互联网经济发展与银行存款具有显著的负向影响，与现金持有、股票投资存在负相关关系，但不显著；与证券持有的负相关关系较显著。由实证分析可知，互联网经济的发展对其他理财产品具有促进作用，而对股票这类风险性较高的产品没有促进作用，居民金融投资行为低风险化有所改善，但仍然呈低风险的特征，并且保险这类保障性金融投资的比重不断上升。原因可能是：

首先，受制于金融市场的发展。中国经济与金融市场发展的特殊轨迹决定了在之前很长的一段时间内居民金融投资都以银行存款为主，金融投资结构单一。居民的金融投资意识也难以形成，基本只有储蓄意识而没有投资意识。随着市场经济体制的改革，股票市场、债券市场的不断完善，以及在近几年内互联网理财的发展，推动了金融市场的深度变化，居民的金融投资风险化特征不断显现。

其次，居民的收入水平相对低。特别是对于广大中低层收入的居民，若收入水平难以满足自身基本开支，在金融投资的量也就相对会小。虽然中国居民收入水平实现了快速增长，但居民收入占 GDP 的比重与美国这类消费型的国家相比还存在巨大的差距。美国居民部门①的消费几乎占据其可支配收入的全部，储蓄占比很低。2011 年美国居民部门总储蓄占可支配收入的比重是 6%②，自 1992 年以来，该比重最高也不过 8.9%，最低仅为 2.5%，而中国的情况则是该比重常年维持在 30% 以上，并呈不断上升的趋势。美国居民部门的可支配收入占 GDP 的比重都在 70% 以上，虽然在 1992~2013 年，该比重变化不大，但也呈现着上涨的趋势；而中国的情况则是自 1992 年以来最高的比重 68.5% 开始并不断下降，说明美国居民在国民收入分配中的地位得到不断改善而中国却相反。收入水平的高低对于居民进行风险型金融投资具有重要影响，一般来说，收入水平越高的居民越可能进行风险型金融投资、风险型金融资产的比重就会越大。

最后，社会保障水平不足。社会保障水平不足则未来支出的不确定性就大。特别是医疗支出、住房支出以及教育支出这三座大山的存在增加了居民对未来支出的不确定性预期。居民即使有储蓄也会以银行存款这类无风险型的金

---

① 由于美国的资金流量表将住户和非营利组织合并在一起，因而本节中美国居民部门的数据是住户与非营利组织的合并数据。

② 美国居民部门的数据均来自 Board of Governors of the Federal Reserve System，美国 GDP 数据来自 Wind 数据库。

融资产形式持有,以应对未来的不确定性支出。只不过在互联网经济时代特别是互联网金融快速发展的时代,居民的金融可得性增加,可通过互联网消费金融、P2P等方式来筹集资金应对"不确定性"支出。另外,互联网保险市场的普及和发展降低居民对未来不确定性的预期。社会保障不足也是在互联网经济发展提供的投资便捷性下,居民保险投资比重增长的主要原因。

所以,无论从直接回归还是从基于AIDS模型的回归中都可得出,互联网经济的发展有助于居民金融投资结构向保障型、理财性的结构发展。同时,由基于AIDS模型的回归中也发现居民金融投资结构对金融价格的变动具有反映,但敏感度还不足。

第五节 居民金融投资行为变化的经济效应

一、正效应:提高金融活力、优化金融结构

当相同风险水平的金融资产收益率不同时,就存在无风险套利机会,为实现自身收益最大化,居民会将资金大量地从收益率低的资产中抽出,投资到收益率高的资产中。例如,在余额宝收益率高于银行活期甚至定期存款时,居民将银行存款大量地转为余额宝。同时,互联网经济下居民基于交易动机所持有的资金与金融投资资金能够实现无缝转化,如支付宝中的资金与余额宝理财资金间的无缝转化,促进了居民消费行为与金融投资行为的一体化,助推套利行为的实现,使资金更加自由地流动,提高金融活力。互联网经济下居民金融投资便捷化、多元化,居民可随时调整金融投资结构,通过这些金融投资行为的变化,互联网金融能够将社会的闲散资金充分利用起来,提高金融活力,使社会闲散资金转化为可获利的资本。

互联网金融具有长尾效应,覆盖了更多居民的金融投资需求,特别是中低收入居民的金融投资需求,更多的人参与金融活动来,整个金融活力也随之提高。中国传统的金融理财产品基本上都是面向高收入人群,投资门槛较高,中

低收入普通居民的金融投资需求长期以来得不到满足。互联网金融通过增加居民的金融投资渠道、丰富居民的金融投资选择、激发居民的投资需求，激发了大量居民的金融投资积极性。处于长尾市场中的居民能够借助互联网接触到第三方支付、金融理财等产品，享受到金融服务、多元化自身金融投资行为，使大量沉淀的居民储蓄存量转化为金融效率较高的产品。长期以来，在传统的经济环境下，中国存在金融压抑，广大的农村居民难以接触多样化的金融服务，居民储蓄多以银行存款的形式持有。单一的金融投资行为造成了中国储蓄投资转换机制严重依赖银行系统。互联网金融的快速发展让更多的居民特别是偏远地区的农村居民参与金融活动。居民金融投资行为的多样化、金融投资意识的提升，激发了金融活力。

居民金融投资行为多元化，对应的宏观金融效应就是储蓄向投资转化的渠道增加，实体经济企业在融资时有更多的选择，并可以根据经济环境与自身情况筛选出最优的融资方案，提高整个金融的活力。互联网金融的信息优势能够提高金融活动的信息透明度、降低交易成本、分散风险和挖掘小微金融潜在的供给方，在增加居民金融投资渠道的同时，扩宽企业融资渠道和扩大金融服务范围。互联网经济下居民金融投资行为的调整与多元化对金融结构的优化具有促进作用，推动中国金融结构由银行主导型向市场主导型发展。

互联网经济下金融的普惠性、金融产品的多样化促进居民调整自身的金融投资行为，居民不同的金融投资行为对应着企业在市场上不同的融资方式（见表5-7），从而优化金融结构。不同风险偏好者的投资需求得以实现，对应的实体经济技术创新、产品创新型企业、新兴产业能够通过市场获得相应的资金支持。在股票、债券等直接融资方式受阻时，P2P、众筹为创新型企业提供支持。

表5-7 互联网经济下居民金融投资行为与实体经济企业融资方式的对接

企业融资方式	融资特点	居民资金的供给形式
银行贷款	需抵押品、程序冗杂、审批周期长、门槛较高	居民银行储蓄存款（间接）
P2P	无金融中介、资金供给方与需求方直接在网络平台上进行对接、资金到位快速、高效	债权（直接）
众筹融资	项目发起人在网络平台上向大众募资、份额可大可小、积少成多	股权或公益性（直接）

二、负效应：加剧资产价格泡沫膨胀和破灭、增加金融波动幅度

(一) 过度金融投资的资产泡沫加速膨胀效应

对金融资产的过度投资会导致金融的过度波动，主要体现在金融资产泡沫的形成，以及泡沫过度膨胀、破灭而引发的金融危机。互联网经济在这个过程中会加速资产泡沫的形成。互联网经济为金融投资提供更大的可能，信息传递得更迅速，金融投资需求的实现具有便捷性特征。当某一金融投资具有较高的收益时，在信息传播快速且广泛、金融投资操作便捷的支持下，缩短居民获取投机信息并进行投机行为的时间，居民更容易产生过度金融投资行为，并且在居民可投资的金融产品多样化的情况下，增大了金融收益率不相等的概率，为居民的投机或套利提供沃土。

如果金融投资的收益率攀高，居民为了实现自身收益最大化，会将资金大量地用于金融投资，追逐高收益，不断地推高金融资产价格，并且由于"羊群效应"的存在，会加速金融资产价格的膨胀。此时可分为两种情况，第一种情况，如果流向金融领域的资金并没有有效地转化为实体经济的投资，则会出现资金在金融系统内空转的情况。金融资产会随着投资行为的不断进行、泡沫的不断膨胀而增值，当经济系统出现一些扰动，比如说银行利率提高、外资大量外流等，再加上恐慌一类的情绪，大规模的崩溃就不可避免，资产泡沫破灭。第二种情况，如果居民对金融资产的投资通过金融市场大量转化为对实体经济的某一行业的投资，导致该行业产出大量增加，但居民此时由于将自有资金在金融投资方面增加，则消费行为受到的预算约束会增强，经济的产出难以被居民下降的消费能力吸收，经济存货积压、产能过剩等问题就会爆发。

在互联网经济下，居民的金融投资行为突破了经济与社会资源的空间与时间限制，金融投资行为的多元化、直接性特征拓展了金融资源配置的广度和深度，减少了金融摩擦、大大降低了市场交易成本，无论是对于居民还是对于宏观经济都产生巨大的影响。但如果居民借助于互联网带来的便捷性，利用互联网经济的虚拟性进行投机行为，导致对金融领域的过度投资，则对经济发展造成倍数化的冲击。

(二) 加剧金融的波动

互联网金融降低了居民参与金融投资的门槛，非专业金融投资者比重明显增加，容易引发从众行为。居民的从众行为对于居民自身来说是符合效用最大化原则的，是出于避免自己的损失增加以及追求更多收益动机下的行为。互联网金融使企业和用户行为的群聚性和从众性不断增强，更容易产生"羊群效应"。大量的金融投资行为在同一时间具有同质性，会加剧金融的波动。互联网本身具有传播信息速度快、范围广、信息传播量大的特征，会导致金融波动的幅度更大，波及的人数更多，弥补损失的难度更大。互联网经济下居民金融投资的"羊群效应"会加剧，主要是因为：首先，互联网经济下大量的信息会增加信息识别的难度，在居民觉得自己难以作出有效的信息识别时，会选择跟随大众的行为。其次，在互联网环境下，居民作为投资者更容易观察到其他人的行为，为从众跟风行为奠定基础。从众行为越多、范围越大，市场波动的幅度也就越大。

(三) 居民金融投资行为风险的新形式

虽然在互联网经济下金融交易活动的信息更加透明、信息获取方式更加便捷、信息量更大，有助于居民提高金融风险控制能力。但居民的金融投资行为一旦失控，产生的后果更为严重。比如在第三方支付平台上发展起来的互联网理财产品没有期限限制，真正实现了"T+0"交易，上一秒将资金转入理财产品中，下一秒就将资金转出，从而产生资金期限错配的风险；而在P2P融资平台中则多发生违约风险。

1. 居民理财性投资波动下的流动性风险

互联网经济下的居民金融投资行为增加了资金链条断裂的流动性风险。居民对互联网理财产品投资的份额增加，导致流动性风险的扩散速度加快。互联网理财产品是依托于互联技术上的金融产品，互联网技术的特点决定了金融风险的扩散速度快、扩散面积广和补救成本高。在居民大量投资互联网理财产品时，如果产品收益下降，或者有其他外部冲击发生，居民为维持自己的收益，会"理性"地、大量地将资金转移出来，对发行互联网理财产品的基金公司造成巨大的流动性压力，甚至对整个经济活动的流动性产生影响。特别是以余额宝为代表的互联网理财产品在赎回上的限制较少，在居民的恐慌情绪、从众心理的作用下，资金撤离余额宝等金融理财产品的规模进一步增加。在互联网信息传导的效率下,居民的恐慌情绪蔓延的速度和范围可在短时间内迅速增加,借助互联网,资金的撤出也十分便捷,因而在互联网的加速作用下,流动性风险可迅速形成并大范围蔓延。对金融系统的安全以及经济的发展造成巨大的危害。

当居民将资金从余额宝大量撤出时,经营着余额宝的天弘基金与阿里巴巴面临着流动性危机,并把该流动性问题传导至银行。一般来说,撤出的资金会以银行活期存款的形式持有,虽然从整个银行体系来说,流动性看起来不会紧张,但对于单个银行来说却可能会导致比较严重的流动性问题,并且会造成比较严重的资金期限匹配问题。

2. 居民直接性金融投资的信用风险

在P2P、众筹等互联网平台上,资金借贷双方虽然可直接进行资金的借贷,无需借助于金融中介机构,有利于提高金融效率。但这种借贷活动不是资金借贷双方面对面进行的,是基于互联网平台的一种"虚拟化"交易,居民作为金融投资者,对其借出资金的对象只是基于平台上的信息了解,对信息的真实性难以评估,可能面临着对方违约的信用风险。即使是在信息真实的前提下,由于P2P很多时候是无抵押贷款,一旦借款人发生违约,作为放款人的投资者难以追回资金,只能够通过P2P平台追回放款,最终总体借贷风险增大。直接性的金融投资面临的是"虚拟化"交易,以及信息真实度难以判断的困境,但由于这类直接性的资金链条不涉及其他金融机构,信用风险发生后波及的范围有限。

第六章　互联网经济下居民消费与金融投资行为的相互作用

互联网经济的发展扩大了消费与金融投资的选择范围，使普通居民可选择的金融产品及消费品日益丰富，不断疏通居民消费行为与居民金融投资行为之间的相互影响机制。居民消费行为与金融投资行为是具有替代关系的一个整体，同时也具有相互作用。在传统经济环境下，中国金融市场发展还很不完善，消费行为与金融行为之间仅存在显而易见的替代关系；在互联网经济下，消费行为与金融投资行为之间的相互影响更加突出。

互联网经济下居民消费与金融投资行为发生了显著的改变，两个行为之间具有明显的相互影响效应。如图6-1所示，首先，两者在一定的预算约束下存在此消彼长的替代关系，居民消费行为与金融投资行为之间的互相影响实质上存在跨时配置、跨时效用最大化的问题。互联网支付与消费金融的结合直接推动居民消费的增加，流动性约束弱化；保险业务在互联网经济下不仅出现了新险种，为居民金融投资开辟新的渠道，还提高了保障程度，降低居民对未来预期支出的不确定性，使预防性储蓄降低，从而促进消费支出增加。此外，在金融投资选择多元化中居民金融投资结构得以调整和优化，以银行存款为代表的安全性金融投资的比重降低，收益型金融投资的比重增加，居民主动投资的意愿增强。金融投资及收益会通过财富效应、保障机制间接地促进居民消费增长。其次，消费需求的不断增加对金融投资提出了高要求，倒逼金融创新以满足居民日益发展的金融需求与消费需求。

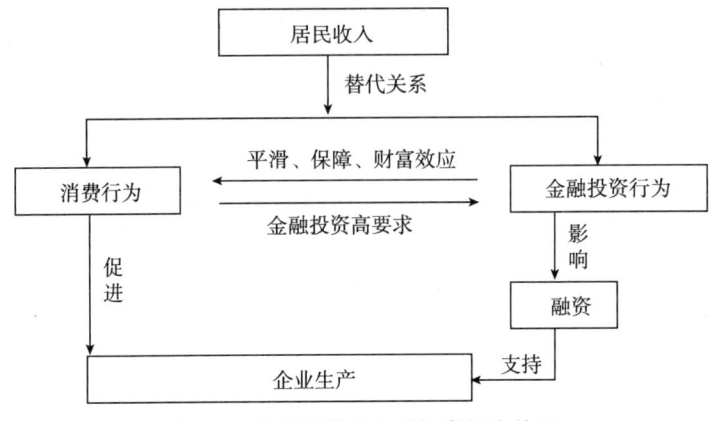

图 6-1 居民消费与金融投资行为关系

第一节 居民消费与金融投资行为的基本替代关系

一、居民消费与金融投资行为替代关系的逻辑

(一) 影响居民消费与金融投资行为替代关系的因素

影响居民消费与金融投资行为替代关系的因素主要包括宏观经济的发展情况、居民的当期收入、金融投资的收益率、商品的价格以及预期收入与支出。互联网经济对这些影响因素都产生了作用,具体如下:

第一,宏观经济发展情况。居民消费行为、居民金融投资行为与宏观经济、金融市场之间存在循环互动的关系。首先宏观经济与金融市场的健康发展使企业的融资和投资能力增强、企业经营状况得到改善,有利于企业员工收入的增加并扩大就业,进而促进广大居民的消费增长;收入提高,使居民在消费与金融投资之间的选择能力增强,而金融市场的繁荣又为居民的金融投资提供良好的渠道与机遇。互联网经济的发展使宏观经济运行方式发生了变化,虚拟化、开放性、突破时空限制等互联网经济特征为企业提供了大量的机遇。

反过来，居民消费与金融投资行为也能够直接作用于宏观经济与金融市场的发展。在一定的约束下（主要是由收入决定的预算约束），居民首先在消费和储蓄之间做决策，当消费占比增加时对应的储蓄占比就减少。消费的增加促进实体经济部门的生产，刺激生产的积极性。当消费减少、储蓄增多时，就有可能造成较为严重的经济问题——GDP增长率下降、实体经济萎靡、失业率上升。其次，居民在实施具体的消费行为时，消费结构的变化会改变整个宏观经济的结构。居民消费对金融市场的影响是通过对消费金融的强烈需求而促进金融市场的完善。最后，居民金融投资行为同实体经济中企业的融资活动息息相关，居民持有不同组合的金融资产对应着实体部门企业不同的融资方式，居民金融投资行为则直接作用于金融市场的发展，居民金融投资需求越旺盛、金融资产配置行为越多样化，金融结构就得到调整，金融市场就越能得到不断的完善。

第二，居民的当期收入。居民的当期收入是影响消费与金融投资行为转换的最基本因素。收入水平决定了预算约束的强度，收入越高，预算约束就越弱，进行消费与金融投资行为的经济基础就强，居民就越能够自由地在消费与金融投资之间转换。反之，居民收入水平越低，消费与金融投资行为之间转换的自由度就越弱，特别是在收入仅仅能够满足基本的温饱需求时，居民基本不会考虑将收入用于金融投资。互联网经济对居民收入的影响主要是通过为居民提供更多便利的就业创业和兼职机会。

互联网的发展有助于城乡居民的就业，使就业信息更容易获取，供求双方的信息对称度提高，进一步提升居民特别是农村冗余劳动力的就业，扩大其收入水平。互联网经济的发展降低了创业者的创业成本，创业者能在初期以非常低的成本挖掘和接触到大量的潜在客户，以十分便捷的方式在互联网上融资，进而使大量劳动者在互联网经济背景下通过创业获得更多的收入。另外，互联网经济的发展通过促进第三产业发展、推动小微企业发展及创新创业的进行而增加就业岗位，为居民收入的提高创造环境。互联网经济下，居民可通过邮件往来、网络社交平台、电子商务平台等获得兼职的机会，从而从事副业的人增加，实现收入的多元化以及收入的增加。

第三，利率，或者是金融投资的收益率。金融投资的收益率作用于居民消费与金融投资行为主要是通过替代效应和收入效应。替代效应是指当利率或金融投资收益率上涨时,居民对金融资产的投资会增加,而消费支出会减少。利率(收益率)变化会产生收入效应,使得居民可增加在消费及投资之间的分配。利率(收益率)增加引起居民的实际收入增加,对商品的需求量也就增加,对金融投资品的需求也会增加。

金融投资收益率上升产生的替代效应和收入效应可由图6-2解释,横轴X_1表示金融资产的投资量,纵轴X_2表示消费品的购买量,初始预算线为I_1,当金融产品的价格上涨时,预算约束线变为I_3,均衡点由E_1变为E_3,I_2为补偿预算线。从收入效应的角度看,一般来说,如果金融产品作为正常品,其价格上涨,投资量就会减少。但金融资产投资具有特殊性,在价格上涨的过程中,居民通过买卖差价即可获益,因而在金融投资时,大多会"追涨"。在图6-2中,金融产品价格上涨产生的收入效应是$X_{13}-X_{12}$,且收入效应的力度要大于替代效应$X_{12}-X_{11}$,在新的均衡点E_3处,消费品的支出与E_1点相比降低了。因而金融资产价格上涨对消费行为具有替代效应。在图6-2中所示E_3与E_1两个均衡点的对比中,金融产品的购买量由X_{11}增加到了X_{13},而消费品的购买量则从X_{21}减少到了X_{23}。

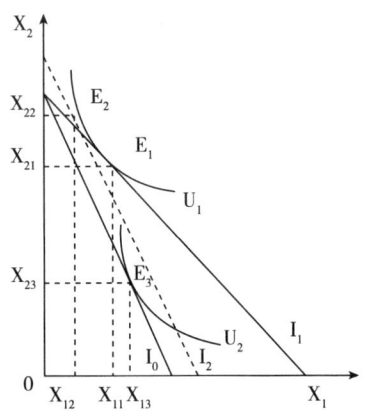

图6-2 金融产品价格上涨的收入效应与替代效应

互联网经济下,居民更容易获得关于金融产品价格的信息,对金融资产价格和收益率变动的敏感性更高。使居民在消费行为与金融投资行为之间的调整更加迅速。

第四，商品价格。互联网经济下，很多商品价格由于各种成本的降低而下降了。商品价格的变化也会产生替代效应和收入效应，使居民在消费及投资之间的分配发生变化。替代效应表现在当商品价格下降时，对商品的支出就会增加，并减少对金融资产的投资；收入效应是指商品价格下降引起居民的实际收入增加，对商品的需求量也就增加，对金融投资品的需求也会增加（所消费的商品是正常商品，投资品也是正常商品）。商品价格下降产生的替代效应和收入效应可用图6-3表示。

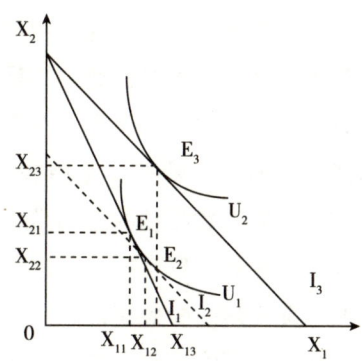

图6-3 商品价格下降的替代效应与收入效应

X_1表示一般消费品，X_2表示金融产品，初始预算线为I_1，当消费品的价格下降时，预算约束线变为I_3，均衡点由E_1变为E_3，消费品的购买量由X_{11}增加到了X_{13}，而金融品的购买量则从X_{21}增加到了X_{23}（当然，也存在X_{23}小于X_{21}的情况），I_2为补偿预算线。收入效应是$X_{13}-X_{12}$，替代效应是$X_{12}-X_{11}$。

第五，预期收入与支出。当居民预期收入会增加时，当期的消费支出一般也会增加，当预期收入减少时，就会缩减当前消费、增加储蓄，以平滑消费、实现效用的最大化。同理，当预期支出增加会使居民减少现期消费、增加储蓄，预期支出减少时则会减少储蓄而增加消费。互联网保险的发展为居民提供了更多的金融保障，降低未来不确定性支出的预期，从而可促进居民在当期增加消费。

居民的消费与金融投资行为除了受到宏观经济环境、当期收入、金融投资收益、商品价格、预期收入与支出的影响外，还会受到其他居民消费与金融投资行为的影响，特别是在金融投资领域，容易产生"从众心理"和"羊群效应"。

(二) 消费行为与金融投资行为替代的逻辑

居民的消费行为以及金融投资行为是受同一预算约束的，一个行为的发生必然会影响另一个行为，两者之间是相互影响的，因而对居民消费行为与金融投资行为的分析不可孤立地进行。无论是在传统经济环境下还是在互联网经济环境下，居民消费与居民金融投资之间都存在替代关系。两者之间存在此消彼长、相互对立的关系，消费比重增长则金融投资比重减少，消费比重减少则金融投资比重增加，也有学者将此称为"挤出效应"。

居民消费与金融投资行为的根本目标是实现效用最大化。生命周期理论认为居民的储蓄和金融投资行为不会产生直接的效用，是通过实现未来消费而产生效用。居民在消费与金融投资之间的组合是为了在个人收入约束下实现效用的最大化，是将收入在即期消费与未来消费（金融投资）之间的配置所能达到的效用最大化。居民在金融投资时对收益的追逐是为了增加未来收入以达到效用最大化目标。居民作为经济主体是理性的，在进行消费与金融投资行为决策时，考虑的是通过收入的分配实现一生效用即跨期效用最大化，而不仅是实现一个特定时期的效用最大化。为了实现跨期效用最大化，居民可能需要通过借贷来实现当期消费，或者是将当前收入储蓄下来用于将来消费，既可以消费后延还可以消费提前。这种情况下，居民的预算约束是跨期约束而不是当期的可支配收入约束。居民消费行为与金融投资行为的共同目标是实现跨期效用最大化。无论各种因素如何变化，居民消费与金融投资行为如何调整，最终目标是实现效用最大化。

在互联网经济下，居民的消费与金融投资行为之间的相互作用可以用跨时预算来解释。生命周期理论强调居民可通过跨期配置资产来实现自身的最大化效用。互联网经济时代为跨时预算的实现提供了必要条件。跨时预算的几个必要条件分别是居民的收入及资产存量较高、居民有较高的消费以及投资意识、经济环境为居民的消费以及金融投资提供相应的客观条件。由对影响居民消费与金融投资行为替代关系的分析中可知，随着中国经济的快速发展，居民收入与资产存量的增加基本已实现；在互联网经济中，居民的消费以及投资选择范围增加，并且受益于信息获取的快捷性以及经济环境的变化，居民的消费意识与金融投资意识也不断增强。在互联网经济下，居民具有增加消费支出的倾

第六章　互联网经济下居民消费与金融投资行为的相互作用

向，可能产生的超前消费和过度消费行为加速了同一预算约束下消费行为对金融投资行为的替代。

二、消费行为与金融投资行为的替代概况

居民的消费与金融投资行为是市场经济活动中的重要内容，两者相互影响，正如加里·贝克尔所言："人类行为不能被条块分割……相反，所有人类行为均可以视为某种关系错综复杂的参与者的行为。"[①]

当出现了消费的剩余后，人类就面临着要在当期消费与未来消费之间分配的问题。居民每年的资金流量数据能够反映出其当年的消费和金融投资行为，例如，李鹰（2001）运用资金流量分析方法研究了中国居民储蓄对宏观资金配置的影响；孔丹凤、吉野直行（2010）利用资金流量数据描述中国居民的金融资产选择行为，并构建了一个理论模型来分析居民的金融资产选择行为，结果显示居民的金融资产选择行为对资产收益不敏感，而对收入以及一些金融资产的风险敏感。因此，在本部分采用居民的资金流量数据考察居民的消费与金融投资组合行为。

众所周知，中国居民部门的储蓄率一直很高，储蓄可以从总量上衡量金融投资行为。1992年中国确立建立社会主义市场经济体制的目标，当年[②]中国居民的可支配收入为18452.78亿元，在消费与储蓄之间的分配分别是13000.12亿元与5452.66亿元，储蓄率为29.5%，消费率为70.5%。随着中国经济实力的不断增强、市场经济的快速发展，1992~2016年居民的可支配总收入持续增长，居民消费水平与储蓄水平都随着可支配收入的增长而提高，但却形成了消费占可支配收入的比例不断下降、储蓄占比不断上升的趋势。居民总储蓄量的年增长率一直较高，在1994年高达到62.9%，仅在受亚洲金融危机影响的1998~1999年首次出现负增长（但接近于0），与之相比，消费增长率就逊色很多，最高时仅为33.1%，绝大多数年份里都只保持在10%左右。

居民消费水平与金融投资水平都显著增加。由图6-4可知，2005年以前

---

① ［美］加里·S. 贝克尔. 人类行为的经济分析［M］. 王业宇，陈琪译. 上海：上海三联书店，上海人民出版社，2002：19.
② 中国由国家统计局公布的资金流量表是从1994年开始编制，数据最早能够追溯到1992年。

消费与储蓄水平是缓慢增加，2005年之后，增速提高。在2010年及之后，增速进一步提高。2012年之后，消费增速明显大于储蓄的增速。

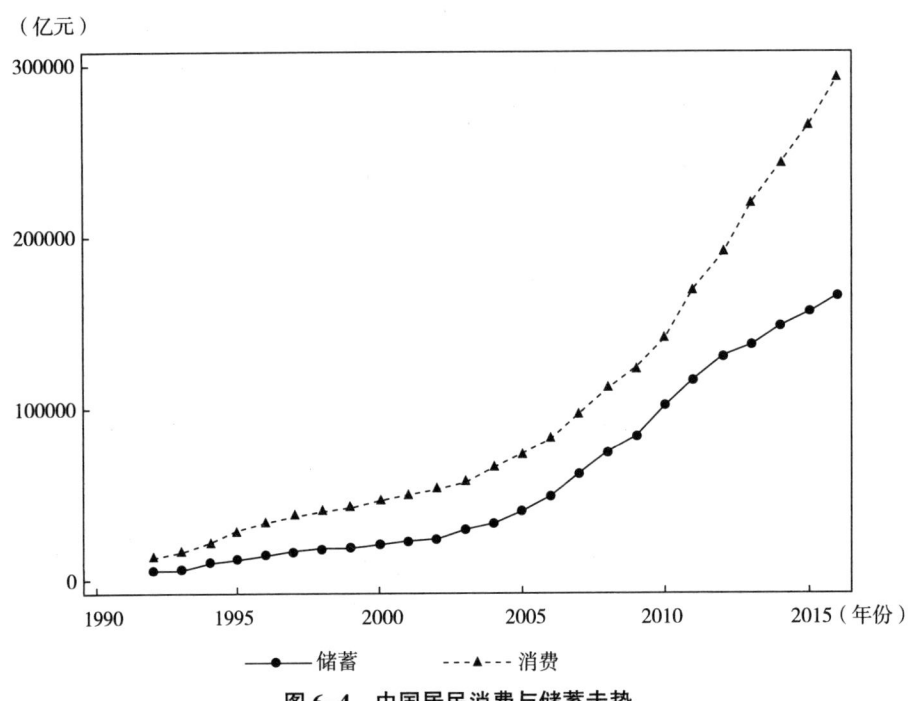

图6-4 中国居民消费与储蓄走势

资料来源：Wind数据库（资金流量表的实物交易部分）。

居民可支配收入中储蓄的份额不断高企，由1992年的29.5%增加到2010年的42.1%，在2010年后所有下滑，具体走势如图6-5所示。

事实上，中国居民在消费与储蓄的分配中，储蓄持续高涨的情况在2010年及之后有所好转。由图6-5可知，在2010年储蓄占比达到峰值，之后呈不断下降的趋势，对应着消费占比缓慢增加。在可支配收入的预算约束下，消费与储蓄之间的组合演变可总结为：从1992年至2010年，居民储蓄占可支配收入的比重上升，从不到30%增加到2010年的42.1%，居民消费占可支配收入的比重从70%左右下降至67.9%。2010年后，储蓄占比下降则消费占比上升，两者的比例分别是38%与62%。

第六章 互联网经济下居民消费与金融投资行为的相互作用

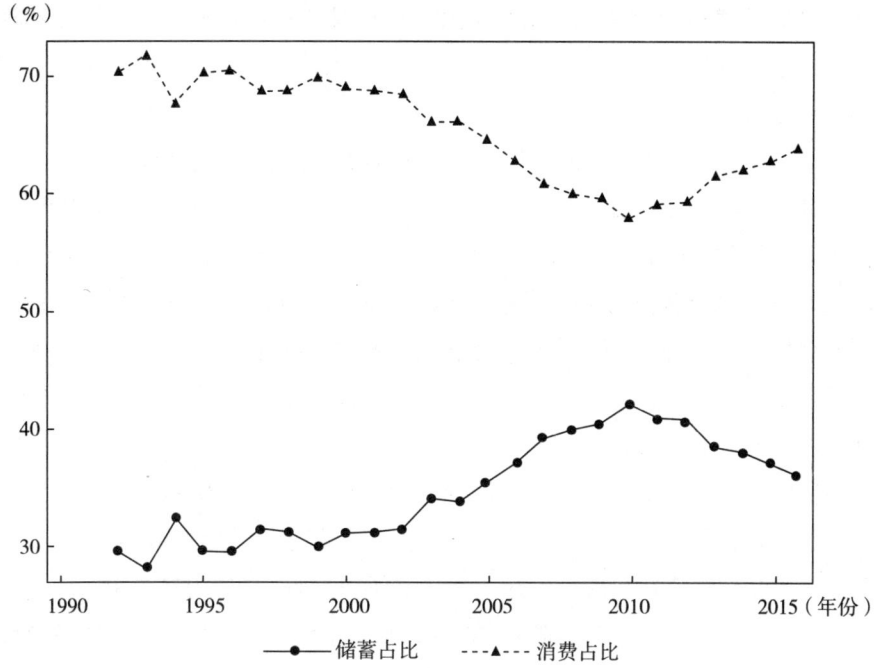

图 6-5 中国居民消费与储蓄占可支配总收入的比例

资料来源：Wind 数据库（资金流量表的实物交易部分）。

三、互联网经济下消费与金融投资行为替代的特征

在互联网出现以前，特别是互联网金融出现之前，居民的各项经济活动没有像现在这样方便，消费金融的发展更是滞后。各界对居民消费、金融投资行为的讨论和研究基本上是集中在两者的替代关系或者说是挤出关系。而在互联网经济下，两个行为之间的关系要复杂得多，不再是简单的替代关系。在原生态互联网金融创新以及传统金融互联网化的双重支持下，居民能比较容易地获得金融支持来维持消费，也能多元化地进行金融投资并将金融投资收益转化为消费；此外，居民消费的不断增长和升级对自身金融行为也提出了更高的要求，要求金融投资行为既要满足对未来支出的保障又要获取一定的收益。臧旭恒等（2001）在分析居民消费与储蓄之间的替代行为时认为在 2000 年之前中国居民的消费储蓄替代行为是异常的，主要表现在储蓄倾向过高，而预防性储

蓄动机是造成这种替代异常的主要原因。互联网经济中影响居民消费与金融投资行为的内外部约束发生了变化，居民消费与金融投资行为之间的替代呈现了许多之前没有的特征。

（一）消费行为与金融投资行为替代的摩擦减少、灵活性提高

互联网经济的发展使居民在金融投资和消费之间转换的约束大大缓解，居民可以在预算约束弱化的基础上，极为便利和低成本地将消费盈余用于金融投资，随时可以将金融投资的收益转化为消费支出，改善消费条件，增加消费支出。互联网保险业务的普及化在一定程度上减弱居民未来支出的不确定性，从而降低预防性储蓄动机。互联网支付与互联网理财之间的无缝衔接也使居民的消费和金融投资行为可以无缝转化。

居民的消费与金融投资行为之间的转变更加灵活。一般来说，在收入的约束下，居民只有通过储蓄的形式不断将资金积累起来，才能实现未来较大型的消费。随着互联网消费金融的发展，居民除了可以像以前一样将当期消费转移到未来，也可以便捷地借助消费金融等方式将未来收入提前使用，消费与金融投资行为之间突破了单向转移的限制，互联网经济下的双向转移更为便捷、灵活。

用于消费的资金与用于金融投资的资金之间的界限被打破。居民消费与金融投资行为转换的各种阻碍与摩擦减少，包括转换成本降低、转换便捷性提高等。基于交易动机持有的资金可在余额宝这类理财产品中获取金融投资收益。余额宝中的资金以及产生的收益随时到账的特征平滑了金融投资资金与收益向消费的转换。

（二）消费行为与金融投资行为的一体化

在跨期消费理论中，居民的消费与金融投资是一体的。居民根据效用最大化原则以及对金融投资的预期回报率来进行当期消费与金融投资之间的分配。金融投资的资金是用于未来消费的。当金融投资收益率变化或者是具有突发的消费支出，居民会把资金在消费与金融投资分配之间转换，调整消费与金融投资行为。互联网金融的出现促进了金融创新的发展，各类金融产品层出不穷，且融入普通居民的日常生活中。居民金融投资由以银行存款为主导的单一结构向支付、理财、融资一体化的多样化结构演变，居民的金融意识也随之不断提高，消费与金融投资的转换效应增强。以余额宝为例，居民在享受理财收益的同时可直接使用余额宝中的资金进行消费，消费行为与金融投资行为几乎一体化，无需刻意地将收入划分为用于消费的资金和用于金融投资的资金。

互联网经济下居民消费与金融投资行为一体化的特征体现在持有货币的交易性需求、预防性需求以及投机性需求几乎可以通过互联网支付、互联网理财合三为一。三大动机中，交易动机与预防动机是收入的函数，投机动机是利率的函数。基于互联网支付上发展起来的余额宝等互联网理财产品的出现，使居民进行消费与金融投资转化的成本几乎为零，存款货币与理财产品之间的互相转化非常快速、便捷，而且理财产品的收益率远高于银行活期存款，这些特征使得居民持有货币的交易动机大幅下降，而投资（投机）需求高涨。资金在余额宝与银行账户之间的划转实现 T+0 即时转账，流动性很强，且具有高收益性，居民将资金投资在余额宝中可同时满足自身的交易性需求、预防性需求以及投机性需求。在互联网金融强流动性、高收益率、低成本、操作便捷的特性下，居民持有货币的交易性需求、预防性需求以及投机性需求都可以在互联网支付与互联网理财中实现，居民消费行为与金融投资行为一体化。

余额宝之所以一经推出就受到了广泛投资者的欢迎，重要原因之一就是余额宝实现了消费与金融投资的统一。"支付宝+余额宝"对居民的消费支付与金融投资习惯具有颠覆性的影响。居民将资金配置到余额宝中除了可赚取较高且稳定的收益外，还可以满足随时出现的消费需求。余额宝中的资金不仅可直接通过支付宝用于在淘宝天猫上购物，还可用于其他网络消费的支付，甚至在线下消费的支付都已经普及化。居民投资余额宝不仅是为了获得较高且稳定的收益，也同时是为了方便消费，所以实现了居民的金融投资与消费的一体化。

第二节 互联网经济下居民消费行为对金融投资行为的影响

一、消费增加下的金融投资高要求

居民消费不断增长、消费结构升级以及居民跨期消费意识的增强，对金融投资行为在资金双向配置、提高保障、多元化以分散风险等方面提出了更高的要求,对金融产品及服务的深度与广度提出要求。互联网经济对促进居民消费增长具有有利条件(在第四章进行了详细分析),同时随着金融资产总量的积累,居民对自身金融投资行为提出了更高的要求,更加注重消费与金融投资之间的融合,而互联网金融的出现正好迎合了这一需求,与居民消费、金融投资行为产生了"化学反应"。互联网经济把消费对金融投资行为的影响以及金融投资行为对消费的影响拓展到中国消费与金融市场上。

首先,居民消费增长需要自身金融行为的支持。在收入不变的情况下,一方面,居民消费的增加挤压金融投资的总量;另一方面,消费的增加需要自身金融行为的支持。互联网金融实现了居民金融投资行为的资金双向配置,在消费增加时,要求居民的金融投资在前期实现收益,以支持消费的增长;或者是通过消费金融将未来收入提前使用。

其次,居民消费增长要求自身的金融投资行为提高保障。当保障程度提升,未来的不确定性减小,居民就越能放心地进行消费行为。互联网经济下,原生态的保险不断创新,传统的保险业务也互联网化,使居民购买保险行为越来越便捷化、低成本化。对保障型金融投资的增加,有利于提高保障程度、降低未来的不确定性。因此,居民消费的增长要求自身金融投资行为的保障型投资增加,而互联网经济为保障型金融投资提高了渠道和实现条件。

再次,居民消费增长要求居民的金融投资实现多元化以分散风险。在中国金融产品与服务广度与深度明显不足的传统经济环境下,居民金融投资途径有限,基本都是以银行存款的形式进行金融投资。这类安全型金融投资虽然风险小,但收益较低,难以适应消费增长、消费结构升级中的金融多样化、个性化以及综合化的需求。互联网经济下金融产品的创新,丰富了金融产品的供给,居民既可以投资安全型金融资产以降低投资风险,也可以投资理财型产品以较高的收益支持消费的增长,并通过投资的多元化分散投资风险,保持一个较稳定的收益水平。

最后,居民消费增长要求金融投资与消费的融合度提高。消费增加必然要求自身的金融投资行为能为消费的增加提供有效的支持,要求金融投资与消费的融合度提高。即当居民进行消费时需要资金,自身的金融资产能够即时有效地支持消费互动。互联网经济下的典型产品——余额宝就是这样提高金融投资

第六章　互联网经济下居民消费与金融投资行为的相互作用

与消费融合度的产品。余额宝中的资金既产生较高的投资收益,又能随时用于消费支付。

二、预期消费增加下的金融投资增长

互联网经济为居民即期消费与预期消费增长提供了条件。一般情况下,当预期消费增加,居民当期的金融投资会增长。在传统经济环境下,中国的消费金融不太发达,且居民"量入为出"的传统消费观念使居民预期消费增加时,将当期盈余储存下来用于未来消费。居民的金融投资与现期消费之间的关系实质上是未来消费与现期消费的替代关系。预期未来消费增加,需要更多的金融投资来支持,现期消费就会减少。互联网经济下消费的自由化程度增加,当居民预期未来消费扩张会促进当期金融投资的快速增长。

预期消费增加会促进金融投资的快速增长,互联网经济对此提供了更多的金融支持。虽然互联网经济时代大幅提高了信息的传播速度以及信息的传播量、传播范围,信息化程度增加、信息不对称情况减少。但中国经济发展还存在太多的不确定性,转型经济的特征明显,不确定性的一个主要表现是房地产市场难以预估式的发展,增加了居民在买房、住房支出上的不确定性。为了应对这些不确定性,只有通过储备更多的资金。当预期消费支出超过居民可支配收入时,对消费金融、收益性金融投资行为的需求会增加。大量研究居民消费行为的文献都表明,居民消费存在惯性和周期性,而且居民需要积累资金以完成一个大的消费,比如买房、结婚等开支,这类大的消费支出需要一个较长的储备资金的过程,在这个过程中居民的消费缩减、金融投资增长。所以,当预期消费增加时,居民的金融投资会所有增长。

互联网金融为居民储备资金的多元化投资提供支持。居民可选择以银行存款为代表的安全性资产进行投资;可选择以保险为代表的保障性资产投资;也可选择余额宝货币市场基金、P2P等理财性资产投资。多元化的金融投资为预期消费增加提供保障。同时,互联网金融的发展使居民在面对买房、购买耐用品大件商品等不确定性支出时,除了可依赖自身前期的盈余外,还能便捷地借助互联网消费金融将未来的收入提前使用。

第三节 互联网经济下居民金融投资行为对消费行为的影响

对消费行为与金融投资行为关系的研究基本上都以跨期消费投资理论为基础，研究居民如何在一生中分配消费与金融资产，以实现一生效用最大化。跨期消费投资理论认为居民的消费不仅取决于可支配收入，还取决于之前由金融投资行为积累的资产数额。金融投资对消费的影响具体可从平滑机制、保障机制以及财富效应传导机制三个方面展开。

一、平滑机制

前期金融投资行为积累的资产能够支持居民当期的消费，缓解居民的预算约束、实现预算平滑，促进居民消费的增加。互联网理财与消费支付间的无缝转换对消费具有促进和平滑作用。此外，互联网消费金融行为的存在有助于降低居民收支的不确定性，弱化流动性约束，使居民减少预防性储蓄。

首先，互联网理财与消费支付的无缝转换，使居民在享受理财产品收益的同时又不丧失货币满足流动性需求的功能，能够随时将理财资金和收益用于消费，有利于消费的平滑。例如，余额宝收益率较高，同等数量的资金以余额宝形式持有比以银行活期存款甚至定期存款的收益要高，而且是以日收益形式返回给投资者的，使投资者的收入实际增加了。而这部分收益更像是"捡来"的，并在每天都感受到了收益的增加。人们对于"捡来"的收入与工资等收入会建立不同的心理账户，资产收益更倾向用于即期消费。

其次，基于真实消费背景的电商平台发展起来的互联网消费金融促进居民消费平滑。由于互联网消费金融只需通过互联网及终端就可以方便地获取消费金融的支持来消费，更容易促进消费需求的实现。与银行消费信贷相比，使用起来更加快捷、灵活、流程十分简洁。而除了互联网消费金融的爆发式增长外，在互联网等信息技术的支撑下，传统金融机构提供的消费信贷也飞速发展，降低了居民的预算约束，有助于居民消费支出的增加。

二、保障机制

金融投资为居民消费提供保障主要体现在居民对保障性资产的投资方面。购买保险是典型的保障性资产投资。保险业务在互联网经济快速发展的背景下出现了新的险种，为居民金融投资开辟了新的渠道，提高了保障程度，降低居民对未来预期支出的不确定性，从而增加消费。居民面临的不确定性越大，预防性储蓄动机就大，就会越倾向于储蓄，且储蓄中的安全性金融资产投资占据的比重较大，这是中国一直以来居民储蓄率高居不下的主要原因。

互联网保险是指依托互联网进行的保险信息咨询、投保、交费、承保、理赔等一系列保险业务，实现了保险业务的便捷化、普及化。保险有助于降低居民未来支出的不确定性，起到金融保障的作用，进而促进居民的当期消费、降低预防性储蓄、弱化预算约束。保险投资作为一种保障随着居民收入增加和金融投资意识的增强越来越得到中国居民的重视，但与美国居民投资于保险的份额相比还存在一定的差距。美国人寿险准备金与养老金配额占每年金融投资中的很大一部分，从而居民的保障程度较高，为其高消费奠定基础。一直以来中国居民储蓄率过高的原因之一就是社会保障制度的不完善，而保险特别是互联网保险的飞速发展在不断地填补这一空缺，保险份额的增加有利于改善中国消费不振的现状。同时，互联网上多样化的金融资产选择有助于居民根据自身需要实现风险规避，降低未来的不确定性，为居民消费投资行为的跨期最优配置提供条件。

三、财富效应传导机制

由于持有现金不会产生收益、银行存款产生的收益较小，以现金以及银行存款为主的低层次金融投资难以对消费产生财富效应。互联网金融市场的快速发展为居民的投资提供新的方式，增加财富来源以及居民对金融收益的敏感度，从而疏通财富效应渠道对居民消费行为的影响，并且互联网理财与消费支付间的无缝转换加强了财富效应的力度。

互联网经济下的金融市场快速发展，居民金融投资结构得以调整和优化，以银行存款为代表的安全性金融资产的比重降低，收益型金融资产的比重增加，居民主动积极投资的意愿增强。金融收益的增加会通过财富效应间接地促进居民消费的增长。金融投资财富效应有两个实现机制，一个是实际的财富效应，当居民投资的金融资产价值增加，通过在金融市场上实现收益，实际财富增加，可增加在消费以及金融资产两方面的分配；另一个是通过心理作用的预期财富效应，当金融资产价格上涨，使居民觉得自己财富增加，对未来预期乐观，消费信心大增，因而消费增加。

如图6-6所示，X_1表示消费支出，X_2表示金融投资支出，居民面临的初始预算线是I_1，与无差异曲线U_1相切于E_1点。当金融资产价格上涨，居民财富增加，预算约束弱化，居民面临的预算约束线平移至I_2。此时，由于财富增加上移的预算约束线I_2与更高水平的无差异曲线相切于E_2点，财富效应使消费购买量从X_{11}增加到X_{12}，金融资产的投资量也增加了，从X_{21}增加到X_{22}，消费支出与金融投资都增加。

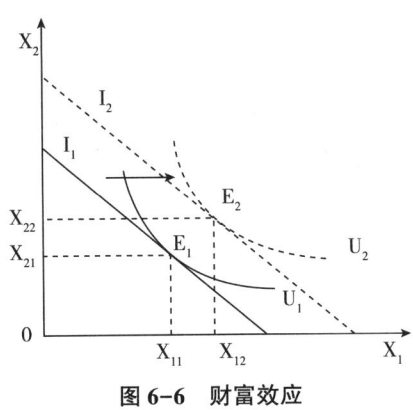

图6-6　财富效应

在互联网经济下，财富效应产生的作用增大。金融投资的便捷性使居民更容易将收益兑现，增加消费。银行借助互联网开展的业务保障了资金清算的及时性。在互联网的信息传递和知识普及的作用下，居民对股票投资的意识也增强，股票收益的实现主要是通过在股票市场上的买卖获得资本溢价收益，并在持有股票的期间获得分红。互联网金融市场的快速发展为居民的投资提供新的渠道，增加财富来源，以余额宝类互联网理财产品的收益是每天以稳定的收入到账，从而对居民消费行为产生影响。

互联网经济下居民金融投资行为多样化、理财性及追求收益性金融投资的行为增加、居民的金融投资意识的增强都会使金融投资过程中由于收益增加或金融资产价格变动对居民心理预期的影响加大，增强财富效应。同时，互联网经济也会加强财富效应的波动。当一个行业或企业由于技术进步或政策扶持等原因产生高的回报率，信息的快速传递使居民能够在短时间内获得这一信息，居民对该行业或企业的未来盈利预期就会提高，从而增加相关股票的购买，股票价格被推高，产生正财富效应，消费增加。

第四节 居民消费与金融投资行为相互作用中的经济效应

一、正效应：有助于经济增长方式转变

（一）有助于经济总量增长

当居民以多样化的金融投资来分配储蓄时，特别是互联网经济的快速发展时，居民将当期储蓄留至下一期的途径和方式多样化，还能将后期的收入通过借贷行为转移至当期来消费，实现消费的跨期平滑、增强消费的弹性。进而增强消费对经济的影响力度，扩大经济产出的波动力度。

无论是传统经济环境下还是互联网经济下，居民消费与金融投资行为的本质没有发生变化，居民与企业间的经济循环通过消费与金融投资连接起来的本质也没有变化，变化的是居民消费与金融投资的方式与形式。互联网经济下的消费具有选择多样化、价格便宜、购买便捷等优势，对于居民预算约束的缓解、消费量的增加、消费结构的升级具有促进作用。互联网经济下的金融投资能够以更便捷、多样化、普及化的方式进行，从而提高金融水平、促进金融投资结构完善。互联网经济下的居民消费与金融投资行为以更多样化、更高效的形式呈现，但经济循环的本质依然是：居民以货币的形式将收入分配至消费与

储蓄，储蓄资金以具体的金融投资方式进入企业生产领域，用以购买生产资料，满足企业的生产需求，维持社会再生产活动（见图 6-7）。

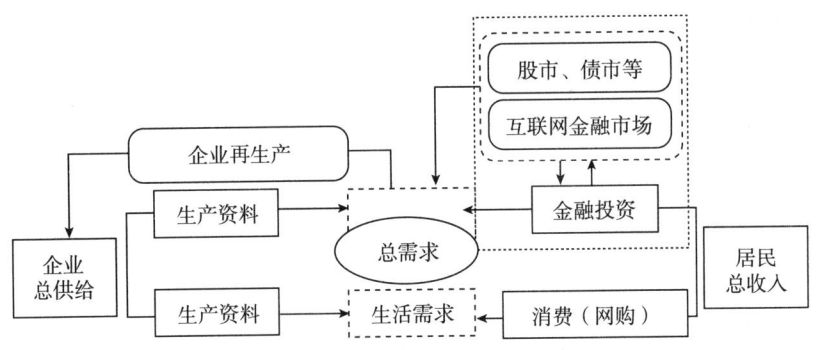

图 6-7 互联网经济下居民消费、金融投资行为与经济循环

只有将居民的盈余以更有效的方式转换为企业的投资，才能更好地促进经济增长。居民消费与金融投资行为的结合，将消费过程中产生的沉淀资金转化为资本。居民消费行为与金融投资行为的一体化大幅提高了金融活力、促进金融投资行为对消费行为的支持。通过对互联网经济下的居民消费、金融投资行为以及经济循环的分析可知，居民消费行为与金融投资行为的变化有利于消费量的增加和金融效率的提高，因而，有助于推动经济增长。

（二）有助于经济增长方式转变

对应图 6-7，居民总收入中用于金融投资的比例扩大，用于消费的比例就会缩小，在均衡的国民经济中，总产出中对应的生产资料比例扩大而生活资料比例缩小。这种通过压制居民消费，不断扩大生产需求的经济增长机制实质上是投资驱动型。投资驱动型经济增长是不具有可持续性的，因为企业生产的最终目的是满足消费，如果消费一直不足，则企业的扩大再生产缺乏动力。投资驱动型增长方式只有在一国基础设施缺乏、经济还处于起步阶段时，社会总产出大多用来形成社会再生产的基础设施时，能够发挥出推动经济快速增长的惊人效果。

居民总收入中用于消费的比例增加，总产出中以生产资料形式存在的比例降低，经济的增长机制就成为消费拉动型经济。社会生产力水平的不断提高使同样的经济产出增加值所需要的资本投入降低。在不同的经济发展阶段，需要不同的消费—投资组合。经济发展初期，居民收入的大部分需要用于必要的生存消费上,用于储蓄的部分就相对较少。当经济发展到一定阶段,随着社会生产力水平提高,在一定的投资下市场供给水平增加,就会出现市场供给大于需求的情况,此时,推动经济增长的策略是要提高居民的消费率和消费水平,从而实现供求平衡并刺激产业结构相应调整的目的。由前文的分析可知,互联网经济具有促进居民消费、提高居民金融投资活力的作用,从而推动经济增长方式向消费拉动型转变。在居民消费与金融投资行为的相互作用中,具体会出现消费增长、金融投资下降,以及消费下降、金融投资增长两种情况。在这两种情况下,互联网经济都有助于经济增长方式向消费拉动型转变。

首先,在互联网经济下,当消费增长时,在便捷性及低价格等优势下居民消费也十分容易增长,由消费行为与金融投资行为的"挤出效应"可知,用于金融投资的量减少,但金融投资效率与资金配置的提高有助于经济增长方式向消费拉动型转变(见图6-8)。

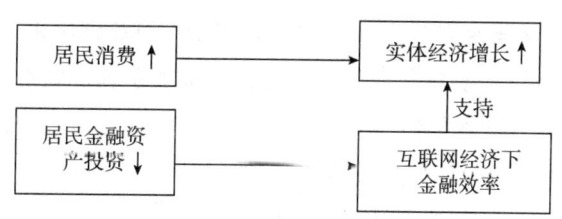

图 6-8　行为组合变化下的经济效应 1

注:"↑"表示增加;"↓"表示减少。

其次,互联网经济下,当金融投资增加时,在一定的预算约束下居民用于消费的资金量就会减少。虽然在短时间内由于居民消费的下降,实体经济增速减少,但从长期来看,由金融投资对消费具有的财富效应可知,金融收益的增加会促进居民消费的增长、推动实体经济发展(见图6-9)。

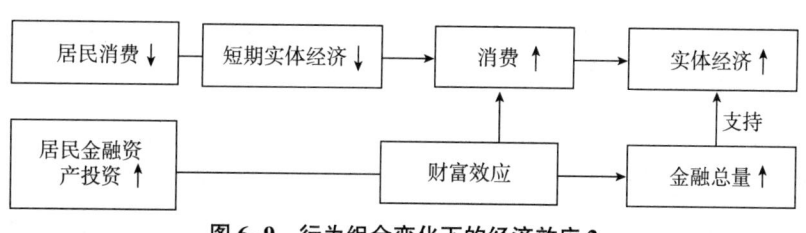

图 6-9　行为组合变化下的经济效应 2

二、负效应：消费与金融投资行为转换的灵活性增加经济风险

在居民消费行为与金融投资行为的相互影响下，消费的增长、消费结构的升级催生了更高的金融投资需求；而金融投资行为通过平滑机制、保障机制、财富效应推动消费的增加。但是，居民消费行为、金融投资行为的一体化，以及居民行为调整的便利、快捷性会造成风险的集聚与快速传导。

居民作为金融投资者无论在哪个地域，只要通过计算机终端连接上网，就可以便捷地进行金融投资，购买证券、保险、理财等产品，增加整个社会资金连接网的连接点。资金连接网的开放性、连接性都达到了前所未有的程度，借助互联网技术，资金的流动速度与规模也增加。风险的敞口随着开放性、连接度的增加而扩大，一旦资金链的一个环节出现问题，其传播的范围与速度难以控制。

（一）居民消费与金融投资行为的一体化增加系统性风险

居民消费行为与金融投资行为的一体化会增加系统性风险，当资金链条出现问题时，一方面，居民能够十分便利、快捷地将资金从金融投资中撤出，加剧风险的传染；另一方面，金融领域发生的问题通过居民消费与金融投资行为的相互作用快速地传染至消费领域，进而对金融领域以及实体经济领域都产生不利影响。而居民从众行为的存在更是加剧风险的传播，个体风险快速发展成系统性风险。由于居民消费与金融投资行为对互联网的依赖性不断增加，各个行为不断影响、相互渗透，在互联网经济下产生的风险具有交叉感染性，金融风险在各地区和各国之间的传导也更加快速和频繁。互联网经济具有虚拟性、突破时空限制、直接性、便捷性以及开放性等特征，资金循环具有连接面广、跨界性高和运转速度快的特征，增加了经济循环中资金链条断裂的可能性和风险的波及面。一旦资金链条的某个环节出现问题，就可能引发系统性风险。而互联网金融具有的"长尾效应"将会把风险传导至风险抵御能力较差的广大群体，冲击金融和经济的稳定。

互联网经济中居民的消费、金融投资行为越来越依赖于互联网。互联网具有远程处理、信息快速传播的功能，使在某一个节点或某一个个体发生的风险能快速地辐射至整个互联网经济圈，扩大风险的传播范围、加快风险的传递速

度。互联网经济的虚拟性又是居民的投机、从众行为等非理性行为的沃土。在风险的爆发初期，由于互联网经济下信息传导的零时滞特征，居民的恐慌情绪快速蔓延，使得由居民消费与金融投资行为调整引发的风险具有突发性，再加上居民具有的从众心理导致行为的同质性，导致一个小的波动在短时间内引发大的冲击，特别是在金融领域。

对于风险的积累和传播，互联网具有加速作用。互联网具有强大的连接和传播能力，在互联网上进行的交易活动具有速度快、换手率高、交易量大、交易主体分散等特征。在互联网经济背景下，居民经济行为的波动性、信息的传递速度以及风险的波及范围等都大幅增加，更容易形成加速效应，在一个小冲击下，产生一个覆盖面更广的大波动。

（二）生产力过剩或生产力不足的风险

互联网经济有利于居民消费总量的增加，同时也提高金融投资的活力与效率，这就有可能造成居民消费与企业投资之间的不匹配。若由于金融效率提高，消费增长率慢于企业投资率就会产生生产力过剩现象。消费增长的幅度小于企业投资增长，生产出来的大量产品难以被消费吸收。因此，经济的生产能力过剩便体现出来，特别是传统制造业。当现实消费率快速增加时（在互联网经济下确实也为居民消费率的大幅提高提供了条件），正如前文的分析，居民的预算约束由于互联网保险、互联网消费金融的发展而大幅弱化，消费选择范围的扩大、商品价格的降低，以及互联网经济下的从众消费等都会增加居民的消费率。此时，当金融效率的增加幅度小于消费率的增加幅度时，居民用于金融投资的不足直接导致了社会投资不足（在没有外资的情况下），投资不足不仅会使消费品生产部门得不到资本品部门的有效支持，社会生产能力降低，还会阻碍技术的进步，阻碍经济增长。

第七章 优化居民消费与金融投资行为的政策建议

第一节 互联网经济下居民消费与金融投资行为的优化方向

一、充分利用互联网经济发展提供的有利条件

以电子商务、互联网金融为主要形态的互联网经济具有运行虚拟性、突破时空限制、直接性、便捷性、个性化、开放性等特征。互联网经济对居民消费与金融投资行为的内外部环境造成了影响,扩大居民消费与金融投资的选择范围、增加价格弹性、缓解预算约束与流动性约束、存在无风险套利机会以及未来的不确定性发生变化;同时,居民自身的消费投资意识增强、理性程度变化、流动性偏好弱化以及追求跨时效用最大化。从而使居民调整消费行为与金融投资行为,本节认为互联网经济环境的变化是居民消费与金融投资行为变化的基本前提,而居民消费与金融投资行为是宏观经济发展的重要基础。所以,在出台各项优化居民消费与金融投资行为的政策措施时,应充分考虑和利用互联网经济发展提供的有利条件。

二、增加消费总量、升级消费结构与金融投资结构

互联网经济下居民消费总量的增加与消费结构的升级能够提升居民自身的效用水平,有助于推动经济的发展;金融投资结构的优化有利于降低未来不确定性,降低风险的同时提高投资收益,从而为居民的消费行为提供支持,有利于金融活力的提升、增强金融资源配置功能的发挥。但在互联网经济下,快速的信息传递、便捷的消费与投资操作、实惠的价格等优势可能引发居民过度的消费或金融投资行为,由此产生的风险更难以控制。所以,为提高居民消费与金融投资行为对经济发展的促进作用,要充分利用互联网经济提供的有利条件,使居民消费总量增加、消费结构与金融投资结构优化。

三、防范居民消费与金融投资行为带来的风险

互联网经济下居民消费与金融投资行为发生了巨大的变化,在总量与结构上不断地调整。居民消费与金融投资行为的变化也会带来风险,对经济的发展造成不利影响。互联网经济为居民消费与金融投资行为提供的诸多便利和支持,有可能诱发过度的消费行为和过度的金融投资行为。过度消费行为会催发通货膨胀,过度金融投资行为导致资产泡沫加速膨胀和破灭。而且互联网经济下居民消费行为与金融投资行为的灵活转换对风险具有放大和加速传播的效果,增加系统性风险,加剧整个金融的波动。所以,不仅要为居民的消费、金融投资行为营造一个良好的经济环境,使居民的消费与金融投资行为合理化,更是要防范由居民消费与金融投资行为变化引发的经济风险,通过有效的措施控制风险的传播与蔓延。

所以,为引导居民消费与金融投资行为向优化方向调整,应不断地完善互联网基础设施、规范互联网经济环境,以及提高居民的互联网经济意识来为居民消费与金融投资行为的调整营造一个良好的外部环境和内部意识状态。同时,需要建立基于大数据分析的动态监管机制,从宏观审慎与微观审慎监管相结合的角度控制风险的爆发与蔓延来应对居民消费与金融投资行为对经济产生的负效应。

第七章 优化居民消费与金融投资行为的政策建议

第二节 完善互联网经济环境

一、加强互联网基础设施全面建设

（一）完善互联网基础设施

互联网与生产生活各个方面的高速融合是现阶段互联网经济发展的具体表现，也是促进经济增长、经济结构转型以及动力转换的重要力量和契机。互联网基础设施的完善是互联网经济持续发展，并发挥对居民消费、金融投资行为影响作用的基本前提。因而，无论是在互联网水平较高的地区还是互联网水平较低的地区，都有必要持续加强互联网基础设施的建设。特别是在互联网水平较低的地区，居民的消费及金融投资潜力巨大，而互联网经济具有激发居民消费、激活金融投资潜力的作用。中国的互联网基础设施建设与发达国家相比较为落后，互联网普及率较低，特别是在广大的农村地区和以西藏为代表的西部省份。所以应不断地加强互联网基础设施建设和推进互联网的应用，提高互联网普及率，对互联网宽带持续升级。

（二）完善物流渠道等相关配套设施

互联网经济下居民消费行为具有便捷性的基础保障之一是全国范围内流通渠道的不断完善。物流系统的持续完善可降低大量的成本，缩短商品从卖家到消费者手中的时间。中国的著名电商平台京东在物流上已经实现当日达和次日达，其物流体系很高效，但阿里巴巴的淘宝、天猫等平台上的购物一般还是需要3~5天才能到货，在物流方面还存在很大的改进空间，并且网购商品的流通在城乡也存在显著的差距，虽然中国城乡居民的消费差距在缩小，但对于农村来说，特别是西部地区的农村，其物流渠道还远远不如城市，互联网经济还难以对农村居民有效发挥作用。不断地完善物流渠道可进一步降低物流成本、提高便捷性，为互联网促进消费增长、推进消费结构升级提供基本保障。

二、规范互联网经济活动的环境

互联网交易平台特别是金融交易平台吸引大量居民的消费与金融投资行为由线下转移到线上,一旦互联网平台特别是具有重大影响的互联网平台,比如支付宝平台出现问题,将导致十分严重的后果,风险的传染速度与范围倍数地扩大。随着居民消费与金融投资行为对互联网的依赖性越来越高,对互联网经济活动环境的规范变得十分必要。

(一) 加强法律法规环境的优化

互联网金融交易具有便捷、快速、隐蔽等特性,利用互联网渠道展开洗钱等非法活动日趋频繁,对其他交易者的利益造成严重危害。因此,不断地完善互联网经济活动的法律法规,维护正常交易者的权益,在居民消费、金融投资行为与互联网高度融合的现阶段十分重要。

加强互联网消费行为的相关法律法规建设,保护居民在互联网上消费的相关权益,维护互联网经济活动的持续健康发展。所以,要加快网购相关法律法规与标准体系的建立与完善,出台可操作性强的行业规定,对互联网平台上的准入资格、信息发布、买卖细节、支付环节、各方责任等相关内容进行明确的规范。要加强质检、工商等部门的协作,加大对在互联网交易平台上销售假冒劣质产品的监督以及处罚力度。

同时,在互联网金融快速发展而监管相关的法律法规不足的背景下,要通过法律法规的不断完善来加强对互联网金融的监管、提高对居民在互联网金融投资活动中的保障。在互联网金融处于爆发性发展的初期,较长的一段时间内相关的法律法规几乎空白,互联网金融监管条例远远落后于互联网金融的发展速度。P2P 网络借贷问题频发,损害了居民互联网金融投资中的利益。因此,要不断加强互联网金融的法律法规,对互联网金融的法律监管方面可设定该行业的经营许可证、规范中间账户的沉淀资金的管理、设定合理法律,既守住互联网金融底线,维护金融市场的秩序,同时又鼓励金融创新与保护投资者利益。

(二) 健全互联网经济中居民消费权益与金融投资权益的保护体系

中国人民银行、银保监会[①]、证监会等有关监管部门,根据职责分工合

---

① 银监会与保监会于 2018 年 4 月合并为银保监会,全称为中国银行保险监督管理委员会。

作、依法开展监管工作,以及对消费者和投资者权益的保护工作。具体措施包括:通过相关立法以及规定提高居民、金融机构、互联网企业对用户数据信息的保护意识,完善对用户信息的保护标准与原则;加强信息披露制度的建设,通过明确要求相关机构的信息披露来提示风险、保障居民作为消费者和投资者的知情权,使其更清楚地了解到所购商品和所投金融产品的相关信息,避免自身权益被侵害;加大对侵害消费者权益行为的惩罚力度、及时发布维权提示;等等。

(三) 加强对互联网经济信息数据库的保护

互联网经济是基于互联网技术的应用发展起来,参与交易的居民信息、企业信息、各种交易活动信息在每分每秒都巨量地产生,如果信息安全风险不控制好,信息泄露特别是交易安全信息泄露,被不法分子利用,不仅直接使居民等行为主体的利益受到侵蚀,交易行为受阻,更会危害到实体经济的生产以及金融活动的进行。因此,加强对各种信息的保护有利于维持互联网经济下各类活动的正常进行。互联网经济活动中的信息安全应当包括数据安全、账号安全、资金安全、投资者个人隐私信息保密等内容。做好相关数据的备份工作、对交易密码进行高强度的加密处理、对互联网平台上的可能出现的各种漏洞进行及时的预警并补救。

三、建立大数据征信与信用评估体系

为规范互联网经济下居民消费与金融投资行为、降低风险,可依据各个互联网交易平台及征信平台上的数据建立一个完善的征信与信用评估体系。用以提高居民等经济主体的信用意识、引导居民经济行为的合理化、为金融创新提供支持,降低由个体风险快速蔓延为系统性风险的可能性,为居民金融投资行为创造良好的信用条件和产品供给环境。

(一) 建立大数据征信体系

随着互联网经济的发展,准确掌握客户的消费习惯、信用状况和风险偏好尤为重要,对征信业务的需求也迅速增加。中国征信体系的核心是中国人民银行的征信中心。2006年征信中心开始开展个人与企业的征信服务,银行信贷信息是征信中心的主要数据来源。社保、税收、公积金以及民事裁决与执行等信息也是征信中心的数据来源。由于互联网技术具有信息收集范围广、速度快、处理和分析能力强、使用便捷等特征而在各个领域被广泛应用，中国人民银行于2013年初开展了基于互联网信用信息服务平台的试用工作。在互联网快速应用、互联网金融飞速发展的背景下，专门的大数据金融征信机构诞生。在大数据信用概念被明确提出之前，金电联行就已经开展企业数据的征集和信用评估业务。上海资信有限公司的网络金融征信系统（NFCS）于2013年上线，服务于互联网金融领域，为网络金融机构业务活动的开展提供信用支持服务。商业信用征信系统（CCS）于2014年9月开始运行，主要收集的是企业信用信息。著名的阿里巴巴、京东等互联网企业是基于自身的平台数据开展征信业务。

到目前为止，征信系统还比较分散，有必要建立一个统一、完善的大数据征信系统，把互联网金融机构的征信数据库、各类互联网平台的信息以及中国人民银行个人征信中心的数据进行嵌入式对接，形成以中国人民银行征信中心为核心、各类相关平台与机构为辅的大数据征信体系，实现数据的共享。在互联网经济中居民的各种行为被记录下来，通过大数据处理技术、不断完善的数据挖掘技术，居民消费、金融投资等行为的特征以数据、报告的形式表现出来，为征信系统的完善提供大数据基础。在大数据的支持下，监管部门能够更好地监管经济运行，保障金融和实体经济领域健康地运行。互联网经济下的政府宏观调控及监管部门可以依托大数据征信系统对居民消费与金融投资等行为实时监测，并快速地收集到经济运行情况的相关数据，作为政策制定和实施的依据。

（二）重塑数据采集模式、完善监管机制

传统经济环境下的数据采集模式是：根据中国人民银行的要求，各金融机构将数据汇后逐级向上汇报。在互联网经济下，数据和信息的采集非常便利，简化了层层汇总的环节，降低了数据汇总的成本，避免了传统数据采集模式下逐层汇总过程中出现的数据遗漏、数据不准确等现象。互联网经济提高数据收集全面性和及时性，为央行等金融监管部门开展有效的监管工作提供了有利条件。监管部门通过互联网对实时数据进行分析，从而及时把控宏观经济运行的动态和可能出现的风险，提高监管工作效率。

基于大数据上的监管机制不断的完善，通过对经济活动中所产生数据的及时、广泛收集和处理，掌握监管客体和金融活动的现时状况并进行全面的风险评估。大数据的容量与活力有助于提升监管部门以及经济活动主体的风险意识与风险防控能力，而且大数据的多样性以及丰富性可以弥补传统金融机构风险监管模型的不足，打破传统经济活动中信息收集和传播过程中的障碍，有效改善信息不对称的困境。

（三）完善大数据信用评估体系

基于大数据征信系统，可构建大数据信用评估体系，对居民、企业的信用状况进行评估，以得出更全面的信用评分。信息不对称是导致中国难以开展信用贷款的主要原因，而解决信息不对称问题的关键是要具有一个完善的信用评估体系来为居民以及实体经济企业提供一个全面的、客观的、真实的、公信力强的信用评分。然而中国发展滞后的金融市场使得征信体系和信用评估体系都不健全，难以提供一个较全面、真实的信息评分。

大数据为信用评估体系的完善提供了客观基础。信用评估体系是由居民的收入与资产情况、历史发生过的借贷行为、信用透支、偿还情况，以及不良信用等记录进行收录、存档，以作为居民借贷行为的重要依据。互联网经济下，这些信息能够快速便捷、低成本的被收集和处理，有利于对居民的信用进行更全面的评估，提高居民金融投资行为的效率同时也降低信用风险、流动性风险的产生概率。

第三节　提高居民互联网经济意识与理性金融投资意识

一、增强互联网经济意识

互联网经济的开放性、虚拟性以及快速发展使大量的居民在还未弄清楚具体情况时就已经被各种各样的互联网经济活动所包围。经济活动的虚拟化、电子化以及金融产品的复杂性导致很多普通消费者与投资者由于缺乏专业的认知、缺乏对互联网经济运作方式的具体了解,而在实施消费行为和金融投资行为时风险加大。所以,有必要增强居民的互联网经济意识。无论从理论上还是在实证中,可以发现互联网经济下中国居民消费与金融投资行为的变化有利于消费总量的增长、消费结构的升级、金融投资活力提高以及金融投资结构的优化。但一些农村居民和年龄较大的居民对互联网的使用还比较陌生,一方面,由于缺乏必要的互联网经济意识,还难以有效地利用互联网经济发展带来的好处;另一方面,互联网经济下的盲目从众行为也较多。因此,有必要在完善各地区互联网基础设施的同时,对农村居民和老年人等互联网经济意识薄弱的群体普及相关的互联网经济知识,提高互联网经济意识。具体可由政府通过广告宣传,也可由家庭中的年轻人和受过高教育的人来普及。

二、普及金融知识教育

中国金融知识公共供给渠道缺乏,使居民整体金融意识不足,对新型金融产品的接受度不高,因而金融投资行为具有一定的惯性。互联网经济的发展、持续增长的居民收入为金融投资多元化奠定了基础,不断促进居民投资意识和相关金融知识的增加,有利于金融投资结构的多样化和合理化。居民金融投资意识会影响到自身的投资行为,如果居民金融投资意识不足,即使市场提供诸多金融产品,居民的金融投资也很难实现合理化、多样化。中国居民的投资意识与美国等其他发达国家有一定的差距,特别是中国农村人口众多,而农村人口普遍更缺乏金融知识和投资理念,中国应该在不断完善金融市场的同时,加强居民的金融知识普及,促进金融投资行为的多样化和合理化。一般来说,居民掌握的金融、法律相关知识越多,能够独立进行消费投资决策的能力越高、理性程度越高、对风险的承受力越强。

(一) 完善金融教育结构

中国金融教育结构的不完善主要表现在居民公众基础金融知识不足而专业金融领域的技术不断高端化。所以需要在互联网经济快速发展、互联网金融产品大范围普及的背景下补足金融教育结构的不足。具体可由官方机构、电视广播等公共平台及社区机构等来提供金融公共教育、普及基础金融知识。从而帮助居民了解金融市场、提升对金融产品风险和收益的认识,使他们根据自身情况做出合理的金融资产配置。还可以提供专业性的金融培训,由金融培训机构根据具体的投资需求以及金融市场的情况来提供金融培训,满足居民特定的金融资产投资需求。

(二) 发挥互联网信息平台优势

目前,中国居民获取金融知识的主要途径是自我搜寻。互联网作为一项具有高效信息传输和信息处理能力的技术,能够把基础和专业金融知识大范围、快速地传播而不受居民教育结构和物理位置所限。通过互联网信息平台,可普及保险、股票、债券等多种金融产品的优势和风险,助推居民金融投资行为多元化与合理化。相关部门可借助互联网信息平台的优势加大金融知识的普及面、加强普及度,宣传如何辨别互联网平台上的真假金融,以帮助居民提高风险防范意识。

第四节 促进居民消费、优化消费结构与金融投资结构的具体路径

一、完善社会保障体系、提高居民可支配收入

保障体系的完善和可支配收入的提高是居民优化自身消费与金融投资行为的决定性因素。一直以来,中国居民消费动力不足的主要原因之一是社会保障体系不够完善。在住房、教育、医疗、养老等方面得不到全面保障时,未来的不确定性大,居民的预防性储蓄动机较强,风险厌恶程度也较高,更愿意持有以银行存款为代表的安全性金融资产。虽然互联网经济的发展一定程度上降低了居民对未来支出的不确定性,提高了居民的消费与金融投资意识。但由互联网经济发展所降低的未来不确定性程度有限,还需要具体从推进社会医疗、养老保险的全面覆盖,设计和推广降低居民未来不确定性的商业保险,重塑保险业声誉等方面来不断地完善保障体系、提高保障程度,降低居民的预防性储蓄、降低金融资产中的银行存款比例。

互联网经济下居民消费与金融投资行为研究

中国经济增长迅速,经济总量已居世界第二,居民可支配收入也随着经济的增长而提高,但与美国的情况相比,中国居民收入在国民收入分配中所占份额是下降的,而美国居民收入占国民收入的份额却是上升的。因而中国在国民收入分配的时候应该提高居民的可支配收入占比,以此来促进居民消费以及金融投资行为的优化。

二、持续改善居民消费调整中的金融服务

居民消费不断增长、消费结构升级以及居民跨期消费意识的增强对金融服务的深度与广度提出了更高的要求。在中国金融产品与服务广度与深度明显不足的传统经济环境下,金融市场上的金融产品和服务供给不足,难以适应消费增长、消费结构升级中的金融多样化、个性化以及综合化的需求,居民金融投资途径有限。

因而需要不断鼓励金融创新、培育市场新供给,有效地支持居民消费的增加。补齐金融基础设施的软硬件,完善征信系统等金融基础设施,以更好地鼓励金融创新、增加长尾市场的金融产品和优质金融产品的供给,推广金融产品普及。在互联网经济的大背景下,充分利用互联网经济的优势、不断完善征信系统和信用评估体系,为金融创新提供支持,为居民金融资产配置创造良好的信用条件和产品供给环境,为居民消费增加提供有效的金融支持。

三、推动资本市场多元化及金融资产价格市场化

互联网经济的发展有利于市场机制作用的发挥,在市场机制下,价格变动反映市场上供需状况,居民根据价格变动及时调整自身的消费与金融投资行为。但在中国长期的银行主导型金融体系以及利率、汇率管制下,资金价格在居民金融投资中所能起到的引导作用有限。所以,需要持续地推动资本市场多元化及金融资产价格市场化。

第一,规范股市运作,重塑金融市场体系,推动资本市场多元化。存款历来是中国居民部门金融投资的最主要方式,长期以来基本上都维持在60%以上,对应着金融市场上企业的融资方式则是以银行贷款为主的间接融资,不利

第七章 优化居民消费与金融投资行为的政策建议

于中国多元化资本市场的建立。第五章的相关实证结果表明，股市收益的提高会使存款减少、其他类金融资产的投资增加，即实现存款分流。可见，股市的发展对于中国居民金融投资的多样化、资本市场多元化发展具有重要意义。但中国股市的发展还存在很多问题，投机普遍、机构操纵股价、散户的从众行为等导致了股市的暴涨暴跌，不但不利于股市本身的健康发展，还会影响居民的金融投资决策，进一步阻碍资本市场的建设。所以，需要完善股票市场制度、规范股市运作以促进居民金融投资多样化，优化资源配置效率，推进多层次资本市场的形成。

第二，持续推进利率等金融交易价格的改革，疏通金融交易的价格机制，提高居民金融投资的价格敏感度。居民是重要的市场主体，居民对价格信号、对经济环境变化反应的灵敏度是宏观调控政策能否有效实现目标的基本前提。一直以来利率调整是政府进行宏观调控的重要工具。而通过理论与实证分析可知，存款利率的调整对居民部门的影响不大，国债利率对金融投资的影响（除保险外）也都不显著。只有不断地完善金融市场，增强市场机制在存款利率和国债利率中的作用，培育市场基准利率与国债收益率，使居民金融资产的利率弹性增大，才能增强居民经济行为在货币政策中所能发挥的作用、降低企业成本和引导金融部门为实体经济部门让利。

四、金融调控政策工具转向公开市场操作

在互联网经济背景下，居民经济行为以及宏观经济运行方式发生变化，为宏观调整政策的实施增加了困难。货币政策是宏观调控的主要手段之一，是央行采取的控制和影响货币数量的一切措施的总和。但在互联网经济下，居民支付方式虚拟化模糊了货币的界限、提高了货币的流动性，互联网理财的增加使银行存款减少，从而使银行的存款准备金降低，对央行货币政策的传导造成了冲击，增加了央行对货币供应量控制的难度。作为宏观调控的当局，央行需要掌控互联网货币的发行和流通情况。互联网支付在互联网经济的使用量和使用范围越来越大，挑战央行现有的调控理论和调控手段。

法定存款准备金率、公开市场操作和再贴现率是央行进行宏观调控的三大法宝，公开市场操作的有效发挥需要依赖于一个较发达的金融市场。在互联网

经济下,不仅互联网金融企业不断地寻求创新和变革、倒逼传统金融机构业务不断互联网化,居民金融投资行为多样化,对金融效率的提高、金融结构的变革具有显著的影响,从而有利于多层次资本市场的建立,改善金融市场不发达的现状,进而公开市场操作工具的金融环境将得到改善。同时,因为余额宝等理财产品不需要上缴存款准备金,随着这类产品规模的扩大,利用法定存款准备金率工具进行宏观调控的有效性会越来越弱。所以,更需要将货币政策工具转向公开市场操作。

第五节 宏微观审慎监管相结合、防控居民风险

互联网金融和电子商务飞速发展,由居民消费与金融投资行为产生的风险特别是金融风险的传染性高、传播速度快。居民金融投资行为多元化、普及化,一方面有利于自身风险的分散;另一方面将加大整个经济的系统性风险在互联网经济下快速蔓延,导致金融的系统性风险迅速地传至实体经济。所以,应该从宏观审慎监管与微观审慎监管两个角度共同对风险进行控制,避免由居民消费与金融投资行为变化的风险危害整个经济运行的情况。

(一) 从宏观的角度充分利用互联网技术的优势加强对资金流向的监管

由本章的分析可知,当居民对金融市场持有乐观情绪时,在互联网经济的推波助澜下,居民从众行为的产生更容易加大金融的波动,导致过多的资金流向金融系统却没有有效地转化为实体经济的投资。所以,加强宏观资金流向的监管很有必要,可基于大数据、利用互联网技术建立一个预警机制,及时发现资金过多地流向金融系统时的情况,并及时出台具体的宏观调控政策来引导资金流向步入正轨,防止过多的资金被居民大量地用于投机。对于监管部门来说,一方面,互联网经济加大了金融风险的传播能力,对金融监管提出了挑战;另一方面,互联网具有的信息高效传递和处理能力也提升了监管部门的监管能力。比如,金融业务的交易数据更有效地被收集和保存;交易主体的信誉能够根据收集的数据进行更全面、更及时的评估,使监管部门更好地分析金融、金融运行情况,判断风险,更有利于从宏观审慎的角度防范风险。

(二) 信用风险、流动性风险的防范与控制

在扩大内需、促进居民消费增长的过程中，要不断完善金融投资行为对居民消费行为的支持作用，但在互联网经济起步阶段还存在着规则、制度以及自律能力不足等问题，极易可能发生信用违约，导致信用链条断裂，在互联网的加速作用下，单个信用链条的断裂演变为整个经济的资金链条问题，引发流动性风险。所以在不断完善互联网经济环境、建立基于大数据的信用体系过程中，需要始终重视对互联网金融行业信用风险、流动性风险的管理。互联网金融在中国的飞速发展催生了行业标准以及相关法律法规的制定，但有一定的滞后性。在经历了2013年的互联网金融元年后，2016年3月中国互联网金融协会才成立。互联网金融信息披露标准是互联网金融协会成立后制定的首部行业标准，也是国内首部互联网金融行业标准，对信息披露的基本原则、信息披露义务人、信息披露的内容等相关方面进行了规定。由于互联网金融平台及互联网经济活动具有跨行政区域、跨业务领域经营的特征，地方性自律组织制定的行业标准所能起到的作用有限，难以有效监控信用风险、流动性风险。所以，需要通过制定和出台较详细、较全面的行业标准，加强互联网企业和金融机构的自律能力等措施来防控风险。互联网金融机构应当对相关投资者、参与者公布其经营和财务状况等信息，进行充分的信息披露与风险提示，详细说明产品信息、交易模式、参与各方权利和义务，使相关投资者了解金融产品的性质、金融机构的运作状况，同时提升金融机构自身的风险防范与控制能力。

第八章 结论与展望

第一节 结论

一、互联网经济有利于居民消费总量增加

近年来,互联网经济在中国实现了跨越式发展。在互联网经济下,居民消费需求实现的便捷性、即时性与消费支付方式的虚拟化促进了居民消费总量的提升。由实证结果也可知,在全国范围内,互联网经济的发展能够促进居民消费总量的增加。在互联网经济水平较高的地区,居民总消费支出显著增加,而在互联网经济水平较低的地区,互联网消费模式虽然对居民总消费水平具有促进作用,但并不显著。因此,互联网经济的发展有利于居民消费总量的增加。由于在中国经济增速放缓的背景下增加居民消费具有重要意义,为实现内需拉动经济增长目标,应不断推进中国各地区的互联网基础设施建设工作,完善互联网经济环境。

二、互联网经济促进居民消费结构升级

通过对互联网经济促进居民消费结构升级的作用机理展开分析,发现居民

消费选择的多样化和个性化有助于居民消费结构升级。首先，在一定的预算约束下，由于互联网经济下的商品具有低价格和多种类等优势，居民为实现消费效用最大化，会调整消费结构。居民在调整消费结构时，在基本消费得到满足的前提下，必然会使服务型消费（或者享受型和发展型消费）的支出增加。因此，居民在追求自身效用最大化的同时实现了自身消费结构的升级。其次，互联网的普及使就业信息更容易获取，增加了供求双方的信息对称度，从而有利于提升居民特别是农村冗余劳动力的就业率，提高其收入水平，而收入水平的提高是消费增长、消费结构升级的基础。AIDS模型的实证结果也显示，互联网经济在遵循消费结构升级规律的前提下促进了城乡居民消费结构升级。

三、互联网经济推进居民金融投资结构调整

互联网经济的发展大幅增加了居民可选择的金融产品，而且通过互联网渠道进行金融投资还具有便捷性和普及性等特征。金融投资选择的多元化、金融投资收益的市场化会促使居民调整金融投资结构，具体表现在：现金与银行存款在金融投资总量中所占的比重下降，保险以及理财性金融投资的比重增加。通过实证分析也可知，互联网经济对居民的现金持有比重、银行存款比重以及股票比重都具有负向影响，对保险比重以及其他理财比重具有正向影响。互联网经济对居民银行存款的负向影响和对其他理财的正向影响最为显著。反映了互联网经济下居民金融投资逐渐向保障性、理财性结构发展。

四、居民消费与金融投资行为之间的相互作用更加明显

互联网经济下居民消费与金融投资行为具有明显的相互影响作用。首先，两者存在此消彼长的替代关系，并且在互联网经济下消费行为与金融投资行为的转化替代具有摩擦减少、一体化的特征。其次，金融投资行为通过平滑机制、保障机制以及财富效应传导机制弱化预算约束和流动性约束，进而影响消费行为，表现为：流动性约束的制约作用在互联网支付、互联网理财和互联网消费金融的发展下不断得到缓解；互联网保险的普及、新险种的出现为居民金融投资开辟了新的金融投资渠道，提高了保障程度；居民金融投资收益转换为

消费支出的渠道被疏通。最后，居民消费需求的不断增加对金融投资提出了更高的要求，促使居民调整金融投资以满足自身日益增长的消费需求。

五、居民消费与金融投资行为的变化具有正负两种经济效应

在互联网经济下，居民消费总量的增加、消费结构的升级以及金融投资结构的优化，能够促进经济增长、推动经济转型、提高金融效率。但在消费与金融投资行为的便捷性以及从众心理的作用下，居民消费行为的过度调整会催发通货膨胀，金融投资行为的过度会导致资产泡沫加速膨胀与破灭、加剧整个金融市场的波动。居民消费与金融投资行为的一体化特征会增加系统性风险爆发的可能性，居民消费与金融投资行为调整的即时性、便捷性加速风险的传播。互联网经济下的居民金融投资行为风险具有新的形式，主要包括了理财性投资波动下的流动性风险和直接性金融投资的信用风险。

所以，要对居民消费与金融投资行为进行优化，以促进居民消费总量增加、推进消费结构与金融投资结构的优化升级。具体可通过完善互联网经济环境、提高居民互联网经济意识与理性金融投资意识、完善社会保障体系、改善消费调整中的金融服务、推动金融资产价格市场化等路径，为居民消费与金融投资行为的优化构建一个良好的宏微观环境，以及通过宏观审慎与微观审慎监管相结合来防控居民消费与金融投资行为调整时产生的风险。

第二节 展望

一、利用家庭微观数据来分析互联网经济下的居民消费与金融投资行为

宏观数据与微观数据在分析居民的消费与金融投资行为时各有利弊，利用宏观数据进行分析能够通过居民消费与金融投资行为较直观地观测到宏观经济

运行情况；利用微观数据则能够从居民的年龄、性别、家庭结构等微观特征来分析居民的消费、金融投资行为。鉴于互联网经济起步较晚，现有的微观数据对互联网经济下居民消费和金融投资的统计还存在欠缺。笔者今后的研究方向是利用较全面的微观数据来分析居民消费与金融投资行为。

二、对互联网经济下消费与金融投资行为的快速动态融合进行持续关注

互联网经济在中国的发展可用"飞速"来形容。互联网支付最初还只是网络消费过程中的支付方式，而 2013 年余额宝的面世就将金融投资行为与消费行为无缝地连接起来，特别是在近一两年的时间内，互联网支付已基本上全面覆盖了线下消费行为的支付。消费与金融投资行为在互联网经济的飞速发展中会不断呈现出新的特征，两者融合的程度也会不断加深。现在关于居民消费与金融投资行为的研究只是基于历史数据的阶段性分析，笔者在今后的研究过程中将继续关注互联网经济下的居民消费与金融投资行为。

参考文献

[1] 贝多广,骆峰. 资金流量分析方法的发展和应用 [J]. 经济研究, 2006 (2): 92-103.

[2] 陈波. 不同收入层级城镇居民消费结构及需求变化趋势——基于 AIDS 模型的研究 [J]. 社会科学研究, 2013 (4): 14-20.

[3] 陈继勇,陈龙,陈君. 互联网金融理财市场的需求扩散与购买决策研究 [J]. 管理评论, 2016 (12): 3-13.

[4] 陈建宝,李坤明. 收入分配、人口结构与消费结构:理论与实证研究 [J]. 上海经济研究, 2013 (4): 74-87.

[5] 陈学彬,杨凌,方松. 货币政策效应的微观基础研究——我国居民消费储蓄行为的实证分析 [J]. 复旦学报(社会科学版), 2005 (1): 42-54.

[6] 陈学彬,章妍. 医疗保障制度对家庭消费储蓄行为的影响———一个动态模拟研究 [J]. 上海财经大学学报, 2007 (6): 55-62.

[7] 陈永新,刘用明. 证券投资学 [M]. 成都:四川大学出版社, 2005.

[8] 陈雨露,赵锡军. 金融投资学 [M]. 北京:中国人民大学出版社, 2002.

[9] 崔海燕,范纪珍. 内部和外部习惯形成与中国农村居民消费行为 [J]. 中国农村经济, 2011 (7): 54-62.

[10] 崔海燕. 互联网金融对中国居民消费的影响研究 [J]. 经济问题探索, 2016 (1): 162-166.

[11] 邓翔,姜洋. 经济转型期中国居民消费储蓄行为及其影响 [M]. 北

京：科学出版社，2015．

[12] 丁传明，邹捷中．考虑通货膨胀影响的最优消费投资模型［J］．中南大学学报（自然科学版），2004（1）：167-170．

[13] 杜丹清．互联网助推消费升级的动力机制研究［J］．经济学家，2017（3）：48-54．

[14] 杜婷，庞东．中国经济周期波动中的消费行为特征研究［J］．中南财经政法大学学报，2006（3）：3-8，96，142．

[15] 方福前，邢炜．居民消费与电商市场规模的U形关系研究［J］．财贸经济，2015（11）：131-147．

[16] 方建武，李忠民．个人金融投资行为制约因素的逻辑分析［J］．经济管理，2006（20）：71-75．

[17] 冯涛，刘湘勤．不确定性情况下的居民资产组合行为与中国金融结构变迁［J］．经济经纬，2007（6）：143-146．

[18] 高华，徐绪松．中部五省与沿海发达省份信息化水平比较研究［J］．武汉大学学报（哲学社会科学版），2007（1）：19-24．

[19] 国家统计信息中心．中国各地区信息化水平测算与比较研究［J］．统计研究，2001（2）：3-11．

[20] 郭其友．中国经济主体行为变迁研究［D］．厦门：厦门大学博士学位论文，2001．

[21] 杭斌．经济转型期中国城乡居民消费行为的实证研究［M］．北京：中国统计出版社，2006．

[22] 贺菊煌．消费函数分析［M］．北京：社会科学文献出版社，2000．

[23] 胡日东，钱明辉，郑永冰．中国城乡收入差距对城乡居民消费结构的影响——基于LA/AIDS拓展模型的实证分析［J］．财经研究，2014（5）：75-87．

[24] 华民．电商参与互联网金融三问［EB/OL］．网经社，2014-05-20，http：//www.100ec.cn/detail--6173230.html，2014-05-20．

[25] 黄纯纯．家庭金融行为研究的新近发展评述［J］．南方经济，2015（9）：98-111．

[26] 黄家骅．中国居民投资行为研究［M］．北京：中国财政经济出版社，1997．

[27] 黄赜琳, 刘社建. 基于 ELES 模型的上海城镇居民消费结构动态变迁分析 [J]. 上海经济研究, 2007 (6): 52-58.

[28] 黄祖辉, 胡豹. 经济学的新分支: 行为经济学研究综述 [J]. 浙江社会科学, 2003 (2): 70-77.

[29] [美] 加里·S. 贝克尔. 人类行为的经济分析 (新2版) [M]. 上海: 格致出版社, 2008.

[30] 蒋侃, 张子刚. 电子商务环境下的多渠道消费行为分析 [J]. 华东经济管理, 2010 (4): 130-133.

[31] 蒋录全, 邹志仁. 互联网经济的测度指标 [J]. 情报理论与实践, 2001 (1): 8-10.

[32] 孔丹凤, 吉野直行. 中国家庭部门流量金融资产配置行为分析 [J]. 金融研究, 2010 (3): 24-33.

[33] 黎志成, 刘枚莲. 电子商务环境下的消费者行为研究 [J]. 中国管理科学, 2002 (6): 89-92.

[34] 李楚文. 互联网金融优化中低资产家庭资产配置的研究 [D]. 南京: 南京大学硕士学位论文, 2016.

[35] 李海舰, 田跃新, 李文杰. 互联网思维与传统企业再造 [J]. 中国工业经济, 2014 (10): 135, 146.

[36] 李建军, 田光宁. 我国居民金融资产结构及其变化趋势分析 [J]. 金融论坛, 2001 (11): 2-8.

[37] 李锐. 我国农村居民消费结构的数量分析 [J]. 中国农村经济, 2003 (5): 12-17.

[38] 李生校, 战明华. 居民消费行为特征及其含义: 总量分析与地区比较 [J]. 经济学动态, 2004 (11): 57-60.

[39] 李淑锦, 张小龙. 第三方互联网支付对中国货币流通速度的影响 [J]. 金融论坛, 2015 (12): 25-33.

[40] 李晓周. 中国证券市场投资者非理性行为研究 [D]. 长春: 吉林大学博士学位论文, 2006.

[41] 李焰. 中国居民储蓄行为研究 [M]. 北京: 中国金融出版社, 1999.

[42] 李鹰. 中国资金宏观配置问题研究 [M]. 北京: 中国金融出版社, 2001.

[43] 廖卫红. 移动互联网环境下消费者行为研究 [J]. 科技管理研究, 2013 (14): 179-183.

[44] 林毅夫, 孙希芳, 姜烨. 经济发展中的最优金融结构理论初探 [J]. 经济研究, 2009 (8): 4-17.

[45] 刘方棫, 张少龙. 支撑经济增长——中国消费·储蓄·投资研究 [M]. 北京: 华文出版社, 2001.

[46] 刘宏, 马文瀚. 互联网时代社会互动与家庭的资本市场参与行为 [J]. 国际金融研究, 2017 (3): 55-66.

[47] 刘湖, 张家平. 互联网对农村居民消费结构的影响与区域差异 [J]. 财经科学, 2016 (4): 80-88.

[48] 刘澜飚, 齐炎龙, 张靖佳. 互联网金融对货币政策有效性的影响——基于微观银行学框架的经济学分析 [J]. 财贸经济, 2016 (1): 61-73.

[49] 刘茂松. 家庭经济行为论 [M]. 长沙: 湖南人民出版社, 2002.

[50] 刘树成, 赵志君. 金融中介与广义新古典经济增长 [J]. 数量经济技术经济研究, 2001 (1): 5-11.

[51] 刘欣欣. 经济转型期的居民储蓄行为与经济增长 [D]. 天津: 南开大学博士学位论文, 2010.

[52] 龙志和, 周浩明. 中国城镇居民预防性储蓄实证研究 [J]. 经济研究, 2000 (11): 33-38.

[53] 卢盛荣, 邹文杰. 货币政策地区效应的微观基础研究: 我国省际居民消费储蓄行为的实证分析 [J]. 经济科学, 2006 (5): 40-50.

[54] 卢泰宏, 周懿瑾. 消费者行为学 [M]. 北京: 中国人民大学出版社, 2015.

[55] 马克思主义与新古典主义消费理论: 比较与综合 [J]. 经济评论, 2007 (6): 17-24.

[56] 麦肯锡全球研究院. 中国网络零售革命: 线上购物助推经济增长 [R]. 麦肯锡全球研究院, 2013.

[57] 慕丽杰. 互联网金融与投资者偏好 [J]. 中国金融, 2016 (14): 80-81.

[58] 倪静等. 基于复杂网络的电子商务群聚消费传播模型研究 [J]. 计

算机应用研究, 2011 (3): 1003-1006.

[59] 宁家骏. "互联网+"行动计划的实施背景、内涵及主要内容 [J]. 电子政务, 2015 (6): 32-38.

[60] 庞楷. 中国城镇居民人身保险消费行为研究 [D]. 成都: 西南财经大学博士学位论文, 2010.

[61] 申树斌, 夏少刚. 最优消费条件下的动态风险投资组合决策模型 [J]. 经济数学, 2002 (3): 38-42.

[62] 史代敏, 宋艳. 居民家庭金融资产选择的实证研究 [J]. 统计研究, 2006 (10): 43-49.

[63] 宋铮. 中国居民储蓄行为研究 [J]. 金融研究, 1999 (6): 47-51, 81.

[64] 孙宝文. 互联网经济 [M]. 北京: 经济科学出版社, 2014.

[65] 孙从海, 李慧. 互联网金融下家庭金融资产调整趋势与效应分析 [J]. 西南金融, 2014 (6): 22-24.

[66] 孙凤, 丁文斌. 中国消费者的头脑帐户分析 [J]. 统计研究, 2005 (2): 42-46.

[67] 孙凤, 易丹辉. 中国城镇居民收入差距对消费结构的影响分析 [J]. 统计研究, 2000 (5): 9-15.

[68] 孙蕾. 刍议居民金融行为变化与商业银行个人金融业务改革 [J]. 现代财经 (天津财经大学学报), 2008 (1): 34-37, 41.

[69] 谭涛, 张燕媛, 唐若迪等. 中国农村居民家庭消费结构分析: 基于 QUAIDS 模型的两阶段一致估计 [J]. 中国农村经济, 2014 (9): 4.

[70] 谭小芬, 张明, 孙晶晶. 中国实际利率对家庭储蓄行为影响的实证分析 [J]. 当代经济科学, 2013 (3): 11-22, 124.

[71] 汤英汉. 中国电子商务发展水平及空间分异 [J]. 经济地理, 2015 (5): 9-14.

[72] 汪浩瀚. 微观基础、不确定性与西方宏观消费理论的拓展 [J]. 经济评论, 2006 (2): 57-63.

[73] 王崇志. "余额宝"的经济学思考 [J]. 经济研究导刊, 2013 (32): 200-201.

[74] 王弟海, 龚六堂. 增长经济中的消费和储蓄——兼论中国高储蓄率

的原因[J].金融研究,2007(12):1-16.

[75] 王小华,温涛.城乡居民消费行为及结构演化的差异研究[J].数量经济技术经济研究,2015,32(10):90-107.

[76] 魏昭,宋全云.互联网金融下家庭资产配置[J].财经科学,2016(7):52-60.

[77] 文晓庆.网络购物的消费者行为研究[J].兰州学刊,2009(6):91-93.

[78] 乌家培.网络经济及其对经济理论的影响[J].学术研究,2000(1):5-11.

[79] 邬德政.中国农村居民消费与经济增长的实证研究[D].成都:西南交通大学博士学位论文,2009.

[80] 习明明,朱丽萌.消费者行为与从众效应:来自"双十一"网购的证据[J].当代财经,2016(7):3-13.

[81] 项俊波.中国经济结构失衡的测度与分析[J].管理世界,2008(9):1-11.

[82] 肖经建.消费者金融行为、消费者金融教育和消费者福利[J].经济研究,2011(S1):4-16.

[83] 肖立.我国农村居民消费结构与收入关系研究[J].农业技术经济,2012(11):91-99.

[84] 肖争艳,陈彦斌.宏观经济预期的测度:基于行为经济学的调查方法研究[J].中国人民大学学报,2006(3):61-67.

[85] 肖忠意.城镇化与金融深化对农村居民消费影响的研究[M].成都:西南财经大学出版社,2015.

[86] 谢平,尹龙.网络经济下的金融理论与金融治理[J].经济研究,2001(4):24-31,95.

[87] 谢平,邹传伟,刘海二.互联网金融的基础理论[J].金融研究,2015(8):1-12.

[88] 谢平,邹传伟.互联网金融模式研究[J].金融研究,2012(12):11-22.

[89] 熊学萍,阮红新,易法海.农户金融行为、融资需求及其融资制度

需求指向研究——基于湖北省天门市的农户调查 [J]. 金融研究, 2007 (8): 167-181.

[90] 徐明焕. 中国居民消费的政府干预机制研究 [D]. 福州: 福建师范大学博士学位论文, 2003.

[91] 徐木容. 网络消费时代新兴消费群体的消费特征 [J]. 消费经济, 2003 (1): 33-34.

[92] 徐秋艳, 李秉龙. 基于AIDS模型的中国农村居民消费结构分析 [J]. 统计与信息论坛, 2015, 30 (1): 71-75.

[93] [美] 亚伯拉罕·马斯洛. 动机与人格 (第三版) [M]. 许金声译. 北京: 中国人民大学出版社, 2007.

[94] 鄢显俊. 试论IT产业在美国信息经济中的作用 [J]. 世界经济与政治, 2005 (7): 70-75, 6.

[95] 杨继瑞. 网络经济对消费经济推动机理的思考 [J]. 消费经济, 2008 (2): 87-91.

[96] 尹楠. 我国各省份互联网区域化发展竞争力差异分析 [J]. 中国流通经济, 2015 (9): 52-58.

[97] 尹世杰. 社会主义消费经济学 [M]. 上海: 上海人民出版社, 1983.

[98] 尹世杰. 我国消费结构发展趋势与政策引导 [J]. 经济学家, 1998 (5): 37-42.

[99] 于蓉. 我国家庭金融资产选择行为研究 [D]. 广州: 暨南大学博士学位论文, 2006.

[100] 余永定, 李军. 中国居民消费函数的理论与验证 [J]. 中国社会科学, 2000 (1): 123-134.

[101] 俞剑, 方福前. 中国城乡居民消费结构升级对经济增长的影响 [J]. 中国人民大学学报, 2015, 29 (5): 68-78.

[102] 俞立平. 中国互联网发展水平测度指标体系研究 [J]. 中国流通经济, 2005 (12): 32-34.

[103] 袁增霆. 个人金融、实体经济与服务政策研究 [D]. 武汉: 武汉大学博士学位论文, 2004.

[104] 袁志刚, 冯俊. 居民储蓄与投资选择: 金融资产发展的含义 [J].

数量经济技术经济研究, 2005 (1): 34-49.

[105] 袁志刚, 夏林锋, 樊潇彦. 中国城镇居民消费结构变迁及其成因分析 [J]. 世界经济文汇, 2009 (4): 13-22.

[106] 袁志刚. 中国居民消费前沿问题研究 [M]. 上海: 复旦大学出版社, 2011.

[107] 喻胜华. 我国城乡居民消费行为的比较研究 [J]. 中南财经政法大学学报, 2012 (2): 22-26.

[108] 臧旭恒, 裴春霞. 转轨时期中国城乡居民消费行为比较研究 [J]. 数量经济技术经济研究, 2007, 24 (1): 65-72.

[109] 臧旭恒, 孙文祥. 城乡居民消费结构: 基于 ELES 模型和 AIDS 模型的比较分析 [J]. 山东大学学报 (哲学社会科学版), 2003 (6): 122-126.

[110] 臧旭恒. 居民资产与消费选择行为分析 [M]. 上海: 上海人民出版社, 2001.

[111] 臧旭恒. 新时期我国城乡居民资产选择和消费行为的变化 [J]. 南开学报, 1995 (3): 13-19, 8.

[112] 臧旭恒. 中国消费函数分析 [M]. 上海: 上海人民出版社, 2003.

[113] 张海云. 我国家庭金融资产选择行为及财富分配效应 [D]. 广州: 暨南大学博士学位论文, 2010.

[114] 张红伟. 我国居民金融资产结构的变动及其效应 [J]. 经济理论与经济管理, 2001 (10): 19-22.

[115] 张蕊. 中国网络经济发展水平测度 [J]. 经济理论与经济管理, 2001 (9): 43-47.

[116] 张晓朴, 朱太辉. 金融体系与实体经济关系的反思 [J]. 国际金融研究, 2014 (3): 43-54.

[117] 张越, 李琪. 互联网对我国各省区经济发展的影响 [J]. 山西财经大学学报, 2008 (6): 38-44

[118] 赵卫亚. 双效应面板 ELES 模型的构建与实证研究 [J]. 统计研究, 2015 (5): 76-83.

[119] 赵晓英, 曾令华. 我国城镇居民投资组合选择的动态模拟研究 [J]. 金融研究, 2007 (4): 72-86.

[120] 郑英隆. 基于关系网络的电子商务创新与消费行为变革 [J]. 中国流通经济, 2012 (10): 91-98.

[121] 中国互联网络信息中心. 第37次中国互联网络发展状况统计报告 [R]. 2016.

[122] 中国社会科学院"国际金融危机与经济学理论反思"课题组, 杨春学, 谢志刚. 国际金融危机与凯恩斯主义 [J]. 经济研究, 2009 (11): 22-30.

[123] 仲伟周, 胡莹, 潘耀明. 货币政策传导中的居民行为——基于前景理论的视角 [J]. 管理世界, 2009 (4): 167-168.

[124] 周广肃, 梁琪. 互联网使用、市场摩擦与家庭风险金融资产投资 [J]. 金融研究, 2018 (1): 84-101.

[125] 周小亮. 凯恩斯主义与马克思主义危机成因的理论差异与启示 [J]. 当代财经, 2000 (4): 7-12, 80.

[126] 周子学. 信息网络经济下实体经济和虚拟经济的均衡发展研究 [M]. 北京: 电子工业出版社, 2014.

[127] 邹红. 中国城镇居民家庭资产与消费研究 [D]. 成都: 西南财经大学博士学位论文, 2010.

[128] Alboghdady, M. A., Alashry, M. K.. The Demand for Meat in Egypt: An Almost Ideal Estimation [J]. African Journal of Agriculture and Resource Economics, 2010, 4 (1): 70-81.

[129] Ameriks, J., Zeldes, S. P.. How Do Household Portfolio Shares Vary with Age [R]. Working Paper, Columbia University, 2004.

[130] Amick, B., Mcgibany, J.. An Analysis of the Interest Elasticity of Financial Asset Holdings by Income [J]. Journal of Applied Business Research, 2011, 16 (3).

[131] Arcand, J. E., Berkes, U. Panizza. Too Much Finance? [R]. IMF Working Paper, WP/12/161, June 2012.

[132] Bashar AlZu'bi, Victor Murinde. Household Portfolio Behaviour: Evidence from Middle East Economies [J]. Applied Financial Economics, 2011, 21 (17): 1281-1289.

[133] Bernanke Ben., M. Gertler, S. Gilchrist. The Financial Accelerator and the Flight to Quality [J]. The Review of Economics and Statistics, 1996 (1): 1-15.

[134] Blanciforti, L. A., Green, R. D., King, G. A.. US Consumption Behavior Over the Postwar Period: An Almost Ideal Demand System Analysis [J]. 1986 (1).

[135] Bogan, V.. Stock Market Participation and the Internet [J]. Journal of Financial and Quantitative Analysis, 2008, 43 (1): 191-211.

[136] Bonci, R., Columba, F.. Monetary Policy Effects: New Evidence from the Italian Flow-of-funds [J]. Applied Economics, 2008, 40 (21): 2803-2818.

[137] Campbell, J. Y.. Consumption-Based Asset Pricing [A]. //Consumption-based Asset Pricing [C]. Elsevier, 2002: 803-887.

[138] Campbell, J. Y.. Household Finance [J]. The Journal of Finance, 2006, 61 (4): 1553-1604.

[139] Cao, X. J.. The Relationships between E-shopping and Store Shopping in the Shopping Process of Search Goods [J]. Transportation Research Part A: Policy and Practice, 2012, 46 (7): 993-1002.

[140] Carroll, C. D.. Why Do the Rich Save So Much? [R]. Economics Working Paper Archive, 1998.

[141] Cecchetti, S., E. Kharroubi. Reassessing the Impact of Finance on Growth [R]. BIS Working Paper, 2012.

[142] Curcuru, S., Heaton J., Lucas D., et al.. CHAPTER 6-Heterogeneity and Portfolio Choice: Theory and Evidence [J]. Handbook of Financial Econometrics Tools & Techniques, 2010 (1): 337-382.

[143] David, L. Laton & Allpot J. D. Bitta. Consumption Behavior, 1984.

[144] Deaton, A., Muellbauer, J.. An Almost Ideal Demand System [J]. The American Economic Review, 1980, 70 (3): 312-326.

[145] Eakins, J. M., Gallagher, L. A.. Dynamic Almost Ideal Demand Systems: An Empirical Analysis of Alcohol Expenditure in Ireland [J]. Applied Economics, 2003, 35 (9): 1025-1036.

[146] E. W. T. Ngai, F. K. T. Wat. A Literature Review and Classification of Electronic Commerce Research [J]. Information & Management, 2002 (39): 415-429.

[147] Fisher, I.. Debt-deflation Theory of Great Depressions [J]. Econometrica. 1933 (1): 337-357.

[148] Gehrt, K. C., Yan, R. N.. Situational, Consumption, and Retailer Factors Affecting Internet, Catalog, and Store Shopping [J]. International Journal of Retail & Distribution Management, 2004, 32 (1): 5-18.

[149] Guiso, L., Jappelli, T., Haliassos M.. Household Portfolios: An International Comparison [R]. Csef Working Papers, 2000.

[150] Herzenstein, M., Andrews, R. L.. The Democratization of Personal Consumer Loans? Determinants of Success in Online Peer-to-peer Loan Auctions [J]. Bulletin of the University of Delaware, 2008, 15 (3): 274-277.

[151] Leon, G. Schiffman & Leslie L. Kanuk. Consumption Behavior, 1987.

[152] Li, G., Song, H., Witt, S. F.. Modeling Tourism Demand: A Dynamic Linear AIDS Approach [J]. Journal of Travel Research, 2004, 43 (2): 141-150.

[153] Lluch, C.. The Extended Linear Expenditure System [J]. European Economic Review, 1973, 4 (1): 21-32.

[154] Mathwick, C., Malhotra N. K., Rigdon E.. The Effect of Dynamic Retail Experiences on Experiential Perceptions of Value: An Internet and Catalog Comparison [J]. Journal of Retailing, 2002 (78): 51-60.

[155] Merton, R. C.. Lifetime Portfolio Selection under Uncertainty: The Continuous-Time Case [J]. Review of Economics & Statistics, 1969, 51 (3): 247-257.

[156] Merton, R. C.. Optimum Consumption and Portfolio Rules in a Continuous-time Model [J]. Journal of Economic Theory, 1971, 3 (4): 373-413.

[157] Minsky, H.. Stabilizing an Unstable Economy [M]. Yale University Press, 1986.

[158] Mokhtarian, P. L.. A Conceptual Analysis of the Transportation Impacts

of B2C E-commerce [J]. Transportation, 2004, 31 (3): 257-284.

[159] Moore, T., Green, C. J., Murinde, V.. Portfolio Behaviour in a Flow of Funds Model for the Household Sector in India [J]. Journal of Development Studies, 2005, 41 (4): 675-702.

[160] Porat, M. U.. The Information Economy: Definition and Measurement [Z]. OT Special Publication, May 1977.

[161] Ren, F., Kwan, M. P.. The Impact of Geographic Context on E-shopping Behavior [J]. Environment and Planning B, Planning & Design, 2009, 36 (2): 262.

[162] Samuelson, P. A.. Lifetime Portfolio Selection by Dynamic Stochastic Programming [J]. Review of Economics & Statistics, 1975, 51 (3): 517-524.

[163] Schelling Thomas C. 微观动机与宏观行为 [M]. 谢静, 邓子梁等译. 北京: 中国人民大学出版社, 2005.

[164] Schiffman, L. G. & Kanuk, L. L.. Consumer Behavior [M]. Englewood Cliffs, NJ: Prentice-Hall, 1987.

[165] Soh, C., Markus, M. L., Goh, K. H.. Electronic Marketplaces and Price Transparency: Strategy, Information Technology, and Success [J]. MIS Quarterly, 2006, 30 (3): 705-723.

[166] Stone, R.. Linear Expenditure Systems and Demand Analysis: An Application to the Pattern of British Demand [J]. The Economic Journal, 1954, 64 (255): 511-527.

[167] Vissing-Jorgensen, A.. Towards an Explanation of Household Portfolio Choice Heterogeneity: Nonfinancial Income and Participation Cost Structures [R]. National Bureau of Economic Research, 2002.

[168] Vu, K. M.. ICT as a Source of Economic Growth in the Information Age: Empirical Evidence from the 1996-2005 Period [J]. Telecommunications Policy, 2011, 35 (4): 357-372.

后 记

本书是基于笔者博士学位论文修改后出版的。笔者从2013年开始攻读博士学位、着手准备博士学位论文，到毕业两年后完成书稿，历时七年。在互联网经济快速发展时期对互联网经济下居民消费与金融投资行为进行研究既是机遇，也是挑战。大量文献的研究只是集中于居民消费行为或居民金融投资行为的某一方面，较少有研究在互联网经济下把居民作为一个重要的经济主体完整地、系统地分析其消费与金融投资行为。本书尝试系统地展开研究，在梳理和总结相关理论的基础上对互联网经济下居民消费与金融投资行为的环境、居民的消费行为、居民的金融投资行为、居民消费行为与投资行为的相互作用这几个方面进行研究，并提出了互联网经济下居民消费与金融投资行为的优化方向与对策建议。客观地说，本书的研究还存在不足，有很多地方需要提高，笔者会在以后的工作中继续研究此问题，希望能为该领域的研究做出自己的微薄贡献。

在博士学位论文的完成以及本书出版过程中，特别感谢导师——四川大学张红伟教授。她多次对本书的题目和提纲拟定、结构安排、研究内容等方面进行悉心指导。同时，杨琨博士也为本书提供了宝贵的建议，在此表示感谢。

此外，本书引用和参考了大量文献，这些文献的作者理应得到笔者的尊重和感谢。本书得以出版还要感谢经济管理出版社及编辑的大力支持。

本书还有许多不足，由于笔者水平有限，错误和疏漏在所难免，欢迎各位读者朋友批评指正。

向玉冰

2019年11月